牧牛十圖頌

# 검은 소 길들이기

牧牛十圖頌

도서출판 동남풍

# 목우십도송(牧牛十圖頌) 연의본(演義本)를 내면서

인생을 일러 만물의 영장(靈長)이라 하는데 여기에 대하여 여러 가지 의미를 부여할 수 있겠지만 아마 가치(價値)를 추구(推究)할 줄 알고, 가치 있는 일에 매진(邁進)하며, 가치에 생명을 유치(留置)할 줄을 안다는 데 있지 않을까 한다. 즉 그 가치를 어떻게 추구하고 하방(何方)으로 나아가며 어디에 두느냐에 따라 인생의 마음이 다르고, 마음이 다름에 따라 행동도 다르며, 행동이 다름에 따라 하는 일이 다를 수밖에 없으며 따라서 결과도 천차만별(千差萬別)이 될 수밖에 없을 것이다.

다시 말하면 돈이나 재물에 가치를 둔 사람은 돈이나 재물에 대한 마음, 돈이나 재물을 모으는 행동, 돈이나 재물이 생기는 일을 하는데 전념을 한다. 또 명예나 권리를 중히 여기는 사람은 명예나 권리에 대한 마음, 명예나 권리를 얻는 행동, 명예나 권리가 와지는 일에 전념을 한다.

이와 같이 무엇, 또는 어느 것에 가치의 기준을 정하고 관심을 갖느냐에 따라 삶의 방식에 차등이 있을 수밖에 없다.

그러므로 돈을 가진 사람은 돈이 신앙(信仰)이 될 수도 있고 신념(信念)이 될 수도 있으며, 권리를 잡은 사람은 권리가 신앙이 될 수도 있고 또한 신념이 될 수도 있듯이 자기가 정말로 생명을 바쳐도 여한(餘恨)이 없고, 생명을 불살라도 미련(未練)이 없이 좋아하고 즐겨할 수 있는 게 바로 최고의 가치가 된다고 보아야 한다.

그렇다면 이 세상, 아니 이 우주에서 가장 가치가 있고 해볼 만한 사업은 무엇이 있을까? 아마 종교사업, 즉 부처님 사업이 아닐까?

부처님의 사업이란 시공(時空)을 초월하고 교파(教派)를 넘으며 이체(理體)를 아우르고 민중(民衆)을 일화(一化)시켜 가장 원초적인 인간의 삶을 유지하여 가는데 가교(架橋)와 부선(艀船)의 역할을 하는 게 아닌가 생각되기 때문이다.

그래서 부처님은 세세생생 이 사업을 하기 위하여 출현하고 또 인연을 모으며 교화를 벌이고 보시(布施)를 권장하며 혜등(慧燈)을 밝혀 인중(人衆)을 끌어가고 계도(啓導)하여 나아가는 것이다.

거듭 말하자면 부처님의 사업은 가치의 기본을 자조(自造)한 종교에 두지 않고 우주(宇宙:世上)에 두었고, 개오(開悟)한 일리(一理)에 두지 않고 여중공행(與衆共行)할 중리(衆理)에 두었으며, 편벽(偏僻)한 추리(追利)에 두지 않고 공의(公義)에 두었고, 단촉한 시간에 두지 않고 광겁(曠劫)에 두었으며, 근변(近邊)한 인연에 두지 않고 인중(人衆)에 두었기 때문에 항상 원려(遠慮)와 여유(餘裕)와 형안(炯眼)과 지혜(智慧)를 가지고 사업을 구상(構想)하고 추진하여 나가는 것이다.

그러므로 우리는 이 사업에 방조지인(傍助之人)이 되고 궁행지인(躬行之人)이 되기 위하여 노심초사(勞心焦思)하고 분심고초(憤心苦楚)를 감내하며 공부를 하는 것이니, 공부를 하는 데 있어서 그 요체(要體)를 오직 〈인화(人化)한 자기(自己)〉에게 두어야 한다.

다시 말하면 내가 먼저 깨어나고, 내가 먼저 열리고, 내가 먼저 일어서고, 내가 먼저 비상(飛翔)을 함으로써 남도 깨어나게 하고, 남도 열리게 하며, 남도 일어서게 하고, 남도 비등(飛騰)하도록 할 수 있는 것이다.

이에 이 목우십도송은 검은 소가 흰 소가 되어가는 과정을 그려서 업장계박(業障繫縛)이 해탈자재(解脫自在)가 되고, 무명흑운(無明黑雲)이 혜일고등(慧日高騰)이 되며, 미혹객진(迷惑客塵)이 성리정심(醒理淨心)이 되고, 범부중생(凡夫衆生)이 불보살(佛菩薩)이 되어가는 노정(路程)을 그려 보인 것이다.

그러하기에 우리 공부하는 사람들은 득어(得魚)에 망전(忘筌)이 되고, 득토(得兎)에 망제(忘蹄)가 되며, 도안(到岸)에 사벌(捨筏)이 되어야 하듯이 득의(得意)에 기문(棄文)하고, 득리(得理)에 포각(抛殼)하며, 득심(得心)에 사수(捨修)하자는 것이다.

2006년 3월

內邊山下 圓光禪院 无涯室

宮山 吳光益 教務 謹識

# 차례

| 自　序 |

| 原文 및 演義 |



| 附錄 |

7

# 普明禪師에 대하여

우선 보명선사에 대해서는 자세한 기록이 없다. 어느 때 사람이고 또 누구인지 알 수가 없고 심지어 십우도송(十牛圖頌)까지도 정말로 한 사람의 작품인지 의심을 하고 있다.

즉 중국에서 목우도에 대해서는 청거선사(淸居禪師)라는 분이 12장을 그렸다 하는데 현재는 2장만 남아 있다고 한다.

이 목우도에 관한 언급이 있는 유일한 자료는 '종용록(從容錄)'이다.

이 책에 의하면 청거선사의 목우도는 6장과 12장만 언급이 되어 있다.

따라서 청거선사의 목우도가 세상에 나온 이후 출현한 보명선사의 목우도는 10장과 송(頌)까지 붙여 모두 전해지고 있는데 청거선사의 12도와 유사한 게 아닌가 하는 추측을 낳게 한다.

또 하나는 이 목우도가 보명사(普明寺)라는 절에 있었다고 하는 점에서 사명(寺名)과 인명(人名)이 혼동되어서 더욱 추정하기가 어렵다고 한다.

청익록(請益錄)이라는 책 권하(卷下)에 기재되어 있는 글을 옮겨 보면

'청거호승선사가 송한 목우도가 12장이고, 태백산 보명선사가 송한 목우도가 10장이며, 불국유백선사가 송한 목우도가 8장이다. 호승·보명 두 선사는 다 검음이 변하여 희게 되지만, 오직 불인의 4장은 전부 희었다가 다시 검어진다.(淸居皓昇禪師頌牧牛圖一十二章 太白山普明禪師頌牧牛圖十章 佛國惟白禪師頌牧牛圖八章 昇明二師等 皆變黑爲白 唯佛印四章 全白復黑)' 고 기술하였다.

아무튼 보명선사가 어느 때 어떤 사람인지 확연하지 않지만 목우십도송을 통하여 우리가 공부할 수 있는 방향을 제시하여 주었다는 점에서 평가를 받을 만한 인물이 아닌가 생각한다.

2

# 十牛圖에 대하여

십우도(十牛圖)란 '대개 선종에서 여기에 의탁하고 비유하여 마음을 닦고 도를 증득하는 것이다. 목동이란 곧 사람이요 소란 곧 마음이다. 원광(圓光=雙泯)이란 곧 사람과 마음이 함께 혼연(渾然)이 되어 본연의 도를 증득함이다. 마음이 누구에겐들 없겠는가. 있으므로 다 당연히 닦아야 하고, 도가 누구인들 갖춰지지 않았겠는가. 갖추었으므로 다 응당 증득하게 되는 것이다.(蓋禪宗託喩於此 以修心證道者也. 牧童卽人也 牛卽心也. 圓光卽人心俱渾化 而證於本然之道也, 夫心孰不有乎 有則皆當修也 道孰不具乎 具則皆當證也)'

또한 '소란 식심을 말하고 목동이란 조심을 말하며 채찍이란 정진을 말하는 것으로 마음을 비춰 식심을 소멸하기 위하여 시시각각 공력을 더하고 용맹 정진하여 식심이 출렁거려 뛰어 오르지 않게 하면 참 마음이 솟아 나오리니 이것이 본래 면목이다.(牛者 識心也. 牧童者 照心也. 鞭繩者 精進也. 以照心而滅識心 時刻加功 勇猛精進 不使識浪奔騰 透出眞心 便是本來面目)'

'대개 부처와 중생은 본래 한결같이 두렷하고 밝지만 범부는 티끌의 물듦으로 인하여 오래 전에 자기의 성품이 미혹되고 전도되어 생사윤회에 들어 깨칠 기약이 없다가 이제  힘을 써서 공부하여 활연히 깨우치면 그 처음을 회복하여 비로소 내가 원래 부처와 한 체성(體性)임을 알 것이니 이보다 더 큰 즐거움은 없을 것이다.(蓋佛與衆生 本此一個圓明 凡夫因被塵染 久遂迷己性 顚之倒之 遂入于生生死死 無有了期. 今得用力之久 豁然開朗 以復其初 始知我原與佛同體 樂莫大焉)'

'원인을 탐구하여 소와 목동의 그림자와 형상을 보더라도 하나하나 공부하는 차제를 말한 것으로 혹 상등 사람은 단번에 깨달음을 만날 것이니 무슨 간격이 있으리오. 우리는 중등 사람이라 만일에 불식(拂拭)의 공부를 더하지 않거나 조금 얻은 것으로 만족을 한다면 옛날처럼 깨달음을 등지고 진체(眞體)가 미혹되어 육근(六根)과 육진(六塵)을 분별하지 못할 것이요, 뒤에 인과가 서로 나오게 됨을 끊지 못한다면 천당과 인간과 지옥에 다시 몇 천만겁을 왕래할 줄을 알지 못할 것이다.(試看牛童景相 一一皆是功夫上之次第 儻遇上等之人一悟便了 又何有間隔 如我輩乃中等之人 若不加拂拭之功 得少爲足 依然背覺迷眞 根塵莫辨 後有不斷因果相生 則天堂人間地獄 更不知來往幾千萬劫矣)'

'이제 이미 이 식(識)의 망령된 해를 안다면 반드시 일심으로 책진하여 경각에 털끝만큼도 놓치지 아니하여야 섬돌에 계단이 있는 것처럼 한 층 한 층 걸음을 옮겨 하루 아침에 크게 통하고 크게 깨달음이 있으리니 어느 곳으로 좇아가 신선과 부처를 찾을 것인가.(今旣知俱受此識妄之害 必須一心策進 頃刻不放紲塔 如之有級 層層進步 一旦大徹大悟 更從何處覓仙佛耶)'

이상은 십우도에 대한 개요(槪要)를 적어 놓은 글을 풀이한 것이다.

흑우(黑牛)가 백우(白牛)로 변화되는 과정을 통하여 우리의 마음이 업장(業障)이나 무명(無明)이나 계박(繫縛)으로부터 자유로워지고 자재를 이룰 때까지 끊임없는 노력이나 수행의 몫은 결국 각자가 안고 지고 있는 것이다. 그러므로 각자가 안고 바다를 건너야 하고 짊어지고 산을 넘어야 한다.

'목우도송은 대개 두 종류로 나눌 수 있다. 전자인 소 그림은 '검은 데서 희게 변하는 것이요' 후자인 소 그림은 '모두가 순백'

이니 또한 백우도송을 말하는 것으로 모두 목동을 사람에 비유하고 소를 마음에 비유하였다.(牧牛圖頌 大致可分爲二種 前者圖牛 '由黑變白' 後者圖牛 '全然純白' 亦稱白牛圖頌. 同以牧童喻人 以牛喻心)'

특히 흰 소가 검게 변하는 것은(白牛變黑) 조동종(曹洞宗)의 사상과 관계가 있다고 볼 수 있다. 왜냐 하면 조동종에서는 흰 색(白色)을 '현상계(現象界)' 로 표현하고 검은 색(黑色)은 '본체계(本體界)' 를 대표한다고 보는 것이다.

조산본적선사(曹山本寂禪師)의 오상게(五相偈)의 최후의 경지는 검은 점(●)을 써서 본체를 삼았고 일과 이치가 이 속에 갊아 있다고 본 것이다.

검은 점(●)을 그리고 그 아래 시에 '맑고 밝지 않은 속에 일과 이치가 갊았다.(渾然藏事理)' 고 하였다. 즉 혼연이란 사전(辭典)에 '불청명야(不淸明也)' 라 하여 '맑고 밝지 않다.' 고 말하고 있다. 다시 말하면 맑고 밝지 않으면 검을 수밖에 없는 것이니 검은 색이 바로 본체라고 표현하고 있는 것이다.

그러므로 이 목우도가 꼭 그렇다고 단정은 할 수 없지만 어딘가 모르게 조동종의 사상을 영향 받아 색계(色界)로 말미암아 공계(空界)에 들어가는 과정을 그려 놓은 것이라고 할 수 있지 않을까 한다.

결국 보명선사의 착안은 '마음을 골라서 도를 증득한다.(調心證道)' 는데 두어 사람과 소를 볼 수 없는 경지에 이르고(至人牛不見), 마음과 법이 모두 없어지는 것을 최고의 경계(心法雙亡爲最高境界)로 삼았다.

3

# 선시(禪詩)의 발생

선시(禪詩)란 불교의 선사상(禪思想)을 바탕으로 하여 오도적(悟道的) 세계나 과정 · 체계를 읊은 시라고 정의할 수 있다.

모두 한문으로 창작되었으며, 크게 보아 한시(漢詩)의 한 종류로 이해할 수도 있다. 선은 마음의 깨달음을 중시하면서 자아(自我)와 아울러 진리세계의 본질을 깊이 있게 탐구하고 풍부한 상상과 심도 있는 투시력(透視力)을 발휘하여 깊고 미묘한 경지에 이르도록 한다. 이러한 선의 입장은 시적 영감(靈感)을 통하여 사물과 인생의 본질을 추구하고자 하는 시창작의 원리와 일치를 이루는 한편 선가(禪家)의 언어는 지극히 압축적(壓縮的) · 비약적(飛躍的) · 비유적(比喩的)이며 고도로 상징화된 언어로써, 이와 같은 특징은 시적 언어의 특성과 대단히 가깝다.

다시 말하면 선에서 표현하기 어려운 정신적 경지를 상징적으로 나타내고자 할 때 시가 되며 이것이 바로 선시인 것이다.

중국에서 선시가 나타나기 시작한 구체적인 근거는 육조 혜능선사(六祖 慧能禪師, 638-713)로부터 찾을 수 있다. 혜능선사가 오조 홍인선사(五祖 弘仁禪師)에게서 배울 때 자신의 깨달은 체험을 시로 써서 벽에 붙임으로써 인가를 받았기 때문이다.

이에 앞서 홍인선사의 수제자라 일컬어지는 신수대사(神秀大師)도 시를 써서 붙였지만 늦게 입문한 혜능보다 오증(悟證)이 떨어졌기 때문에 의발(衣鉢)은 혜능에게로 가게 되었다.

신수와 혜능의 시를 열거하면

신수는

身是菩提樹　신시보리수　몸은 보리의 나무요
心如明鏡臺　심여명경대　마음은 밝은 거울 틀이네
時時勤拂拭　시시근불식　늘 부지런히 털고 닦아
勿使惹塵埃　물사야진애　먼지 때 끼지 않도록 하라.

이에 대하여 혜능은

菩提本無樹　보리본무수　보리에 본래 나무가 없고
明鏡亦非臺　명경역비대　밝은 거울도 또한 틀이 아니네
本來無一物　본래무일물　본래 한 물건도 없으니
何處惹塵埃　하처야진애　어느 곳에 먼지 때가 끼리요.

이로 볼 때 당시만 해도 수행의 체험을 시로 표현하고 전달하는 방식이 상당히 일반화되었음을 알 수 있다.

그 이후의 선시 문학은 영가대사(永嘉大師)의 〈증도가(證道歌)〉나 동산(洞山)의 〈보경삼매가(寶鏡三昧歌)〉 등으로 발달하여 갔다. 증도가와 같은 글은 모두 1,858자 267구로 되어 있어서 한 구가 대개 7언이고 간혹 6언도 섞여 있다. 이들 구는 압운(押韻) 즉 운(韻)을 달아 매우 정교하게 이루어졌고, 대구(對句)도 아주 절묘하게 살려서 선의 이치를 잘 표현하였을 뿐만 아니라 문학적으로도 대단한 가치가 있는 작품이다.

그 외에도 당(唐)나라에 최고조로 발달하고 가문별로 다양한 선풍(禪風)을 형성하였던 선의 대가들은 그들의 독특한 가풍(家風)을 언어로 자유분방(自由奔放)하게 숱한 선문학(禪文學)을 쏟아놓았다. 그 중에서도 가장 백미(白眉)를 꼽는다면 바로 〈벽암록(碧巖錄)〉이다. 이 벽암록은 선(禪)의 수행에 귀중한 지침서가 되는 것으로 선사(禪師)인 설두중현(雪竇重顯)이 1,700공안(公案) 중에서 100개의 공안을 선정하여 그 하나하나에 송(頌)을 붙인 것인데, 중국 송나라 때 임제종의 원오극근(圓悟克勤)이 다시 하나하나에 수시(垂示) · 평창(評唱)을 덧붙여 만든 책으로 10권인데 이 책이 바로 선의 고전일 뿐만 아니라 선문학의 보고이기도 하다.

당나라 · 송나라 때는 일반 문인 가운데 불교에 깊은 조예를 가져서 높은 수준의 선문학을 다양하게 개척하였다. 그 중에서도 가장 우뚝한 이가 당의 왕유(王維)와 송의 소식(蘇軾)이다. 특히 당나라 때는 거의 모든 지식인이 다 불교적 소양을 가졌다고 할 만큼 불교 내지는 선이 일세를 풍미하였고, 따라서 일반 문인의 작품에도 선의 세계가 깊이 배어 있는 경우가 많았다.

이 때는 승속(僧俗)을 가릴 것 없이 불교가 크게 유행하고 시가(詩歌)도 최고조로 발달하던 시기이다 보니 승려 가운데에도 시를 짓기에 아주 능한, 거의 시인이 주업(主業)이다시피 한 인물들이 다수 배출되었다. 대표적인 승려 작가는 교연(皎然) · 관휴(貫休) · 영철(靈澈) · 제기(齊己) 등이다. 이 중에서도 교연이 가장 출중하였다. 교연은 시도 잘 지었을 뿐만 아니라 시식(詩式) · 시의(詩議) · 시평(詩評) 등, 시의 비평서까지 냈으며 시식(詩式)은 후대에 시비평서의 가장 중요한 고전이 될 만큼 많은 영향을 끼쳤다.

위승사(魏承思)는 당나라 때 선시가 일어나게 된 배경을 다음과 같이 정리하였다.

첫째, 불교 중의 게송을 선시의 직접적인 연원으로 볼 수 있다. 불경 중의 게송은 원래 일정한 운율(韻律)과 격식(格式)을 갖고 있다. 그러나 이것이 한역(漢譯)되면서 시적 요소가 온전히 갖추어지지는 못하였다. 중국의 선종이 일어나면서 선사들은 자신의 깨달음을 표현하거나 다른 사람에게 그 경지를 전달하고자 시게(詩偈)를 많이 짓게 되었는데, 이것이 선시의 맹아(萌芽)가 되었다. 예컨대 혜능의 유명한 시법게(示法偈)를 들 수 있다.

둘째, 중국에는 시경(詩經)과 초사(楚辭). 그리고 한위시대(漢魏

時代)의 고시(古詩) 이래로 시가전통(詩歌傳統)을 가졌던 것이 선시의 중요한 연원이 되었다. 그 중에서도 특히 위진(魏晉) 시기의 "현언시(玄言詩)"와 선시의 관계는 더욱 밀접하다. 현언시는 현학사상(玄學思想)을 기조로 한 것이지만 불교와의 유사성(類似性)이 있는데다, 차차 불교 사상의 영향을 받으면서 선시로 전환해 가는 모습을 보인다. 사영운(謝靈運)의 산수시(山水詩)와 같은 데는 이미 선적(禪的)인 요소가 상당히 드러나고 있다. 그리고 왕유와 같은 전문적인 시인뿐만 아니라, 한산자(寒山子)와 같은 시승(詩僧)들도 그 이전의 시가전통을 충분히 습득한 바탕 위에서 선시를 지었음이 확인되었다.

셋째, 당대는 중국시가의 황금기이면서 동시에 중국불교의 전성세대였던 점이 왕성한 선시 창작을 촉진시켰다. 당대는 말할 것도 없이 이백(李白)·두보(杜甫)·왕유(王維) 등 기라성(綺羅星) 같은 대가들이 별같이 많이 나와서 중국 시가사상 최고의 전성기를 이루었다. 아울러 중국불교가 선(禪)·교(敎)할 것 없이 최고조로 발달하였다. 그 중에서도 선종(禪宗)은 눈부실 정도로 발달하여 선종의 틀이 이 시기에 거의 이루어지고, 후대에 거듭 일컬어지는 대선사들도 대부분 이 시기에 출현하였다. 따라서 세속의 지식인들도 불교, 특히 선불교(禪佛敎)를 깊이 공부하였고, 승려들도 세속의 시인들과 덩달아 시를 즐겼다.

이를 다시 정리하자면

첫째, 불경에 송(頌)을 붙이는 전통이 있었고,

둘째, 중국에 오랜 시가의 전통이 있었으며

셋째, 당대에 선불교와 시가가 동시에 최전성기를 맞이하였다는 점을 들 수 있다.

두 가지는 전통적인 요소로, 나머지 한 가지는 당대의 요소로 본 것이다.

이 틀이 완벽하지는 않으나 중국선시 발달의 계기를 상당한 정도를 밝혀 주었다고 볼 수 있다.

4

# 소란 어떤 동물인가

1] 포유류이며 반추우제류이다. 몸은 살찌고 크며 머리에는 두 뿔이 있고 힘이 강하며 노고(勞苦)를 잘 견딤으로 무거운 짐을 나른다거나 논밭을 가는데 적당하다.(哺乳類, 反芻偶蹄類 體肥大 頭有二角 力强 耐勞苦 故適於負重或耕田).

2] 설문(說文)에 '소란 일이요 이치이다. 모습은 뿔과 머리를 합하여 셋이며 꼬리가 크게 나타나 있다.(牛 事也, 理也, 像角頭三, 封尾之形也)' 하였는데 단주(段注) '일이란 능히 그 일에 종사함을 말한 것으로 소가 논밭갈이에 적임이요, 이치란 그 문리를 가히 분석함을 말함이다. 백정이 소를 해체할 때에 자연의 이치에 의하여 뼈와 살이 붙어 있는 틈을 젖히고 뼈마디에 있

는 큰 구멍에 칼을 넣는다.(事也者 謂能事其事也 牛任耕. 理也者 謂其文理可分析也, 庖丁解牛 依乎天理 批大郤導大窾)' 고 하였다.

3] 예기 곡례상(禮記 曲禮上)에 '소를 일러 일원대무라.(牛日一元大武)' 한다 하였다. 그 소(疏)에 '원은 머리요 무는 발자취이다. 소가 살이 찌면 다리가 크고 다리가 크면 발자취의 흔적도 큰 것이다. 그러므로 일원대무라.(元 頭也, 武 迹也.牛若肥則脚大 脚大則迹痕大 故云一元大武也)' 한다 하였다.

4] 넓은 의미의 소는 소과 중에서 산양류 · 면양류 · 영양류 외의 것을 가리키며, 가축인 소 이외에 물소류 · 들소 · 야크 · 가우르 · 가얄 · 밴팅 등을 포함한다. 몸은 건장하고 머리가 낮으며 목 부분의 아랫면에는 많은 육수(肉垂)가 있고, 꼬리는 가늘고 길며 끝에 모총(毛叢)이 있다. 뿔은 암수 모두 있는데, 마디 모양의 융기(隆起)가 없고 꼬이거나 사리를 트는 일이 없다. 이 중에서 물소류 · 야크 · 가얄 · 밴팅 등은 가축화되어 있다.

좁은 뜻에서 가축인 소를 가리킨다. 뿔의 단면은 원형으로 정수리의 양쪽에서 나오며 어깨의 융기가 약하고 체모(體毛)는 짧다. 소는 영어로 거세하지 않은 수컷을 불(bull), 암컷을 카우(cow)라 하고, 가축화된 소를 총칭하여 캐틀(cattle)이라고 한다.

5] 발굽은 2개가 땅에 닿지만 다른 2개는 흔적만 있으며 땅에 닿지 않는다. 코끝의 밖으로 드러난 부분과 비경(鼻鏡)은 크다. 유두(乳頭)는 4개이고 안하선(眼下線)이나 제간선(蹄間線)은 없으며, 늑골(肋骨)은 13개이다.

보통 암수 모두 뿔이 있는데, 뿔은 두부(頭部)의 뼈가 뻗고 그 주위를 단단하게 각질화한 피부가 싸고 있으며, 그 안은 공동인 동각(洞角)이다. 뿔은 단면이 원형이며 표면은 매끄럽고 눈에 띄는 마디 모양의 융기가 없다. 또한 뿔은 다른 짐승의 습격을 방지하기 위한 무기로서 도움이 된다. 흥분하면 머리를 숙이고 뿔로 찌르려는 자세를 취하는 것은 투우(鬪牛) 등에서도 볼 수 있다.

먹이는 초식성이며 긴 풀을 혀로 말아 포개서 아래턱의 앞니로 잘라서 먹는데 조잡하게 씹어서 일단 위로 보낸다. 육식동물의 습격을 대비하여 대량의 먹이를 단시간 내에 먹을 필요가 있기 때문에 반추위(反芻胃)라는 특별한 매커니즘(mechanism)이 발달한 것이라고 한다. 야생 상태에서는 낮 동안에 먹이를 먹고 밤에 잠을 잔다. 아침에 일어나서 길이가 긴 풀 등을 먹은 다음 나무 그늘에 누워서 반추하지만 추울 때는 선 채로 입을 놀린다.

위턱에는 앞니가 없으며, 어금니는 잘 발달해 있고 치관부(齒冠部)가 뚜렷하게 길다. 위(胃)는 4개가 있는데 먹이는 제1위와 제2

위에 저장하였다가 이것을 입으로 되 올려 되새김질한 다음 제3위와 제4위로 보낸다. 제1위는 세균이 있는데 이 세균이 섬유질을 소화되기 쉽게 만든 다음 제4위로 보내 소화되도록 한다. 또 제1위에는 단백질의 공급원으로 도움이 되는 많은 원생동물(原生動物)이 있다.

보통 생후 10개월 정도면 어른 소가 되며, 젖소는 약 10년, 일소는 약 6년간 번식할 수 있다. 대개 수태 후 270~290이 지나면 1-2마리의 새끼를 낳는다.

5

# 고전에 나타난 소에 대한 이야기

1] 열반경(涅槃經)18에 부처님을 찬탄하여 말하기를 '사람 가운데는 코끼리 같은 임금이 있고, 사람 가운데는 소 같은 임금이 있으며, 사람 가운데는 용 같은 임금이 있다.

(人中象王 人中牛王 人中龍王)'

2] 법화경(法華經)에는 '삼거(三車)'의 비유가 있다. 삼거는 성문승(聲聞乘)을 양거(羊車)에, 연각승(緣覺乘)을 녹거(鹿車)에, 보살승(菩薩乘)을 우거(牛車)에 비유하였다.

그 비유에 '어떤 나라의 마을에 장자가 있었다. 어느 날 자기 집에 불이 났다. 그는 깜짝 놀라 아이들에게 빨리 나오라고 외쳤다. 그러나 아이들은 장난만할 뿐 믿지도 않고 놀라지도 않으며 두려

움도 없이 나오려고 아니 하였다. 그래서 장자는 “지금 여기에 너희들이 좋아하는 양이 끄는 수레 · 사슴이 끄는 수레 · 소가 끄는 수레가 있으니 너희에게 주리라.” 하니 아이들이 다투어 불난 집에서 빠져나와 목숨을 건지고 아이들은 우거를 타고 즐겁게 놀았다.’ 고 비유하였다.

3] 지도론(智度論)82에 ‘육안으로 보는 것이 소나 염소와 다름이 없다.(肉眼所見 如牛羊無異)’ 하는데 이것을 일러 ‘우양안(牛羊眼)’ 이라 한다. 즉 소나 염소의 눈이라는 의미로 보는 것이 용렬(庸劣)함을 말한다.

4] 지관일하(止觀一下)에 ‘소나 염소의 눈처럼 모서리(전 면적중의 일부)도 알지 못한다.(如牛羊眼不解方隅)’ 하여 정안(正眼)을 갖지 못하고 정견(正見)을 이루지 못함을 말한다.

5] 현의이상(玄義二上)에 ‘소나 염소의 눈으로는 중생을 보고 살피는 게 불가하며, 범부의 마음으로는 중생을 평가하고 헤아리는 게 불가하다.(不可以牛羊眼觀視衆生 不可以凡夫心評量衆生)’

6] 지도론(智度論)18에 ‘비유하자면 소의 젖과 당나귀의 젖은 그 색깔이 비록 같으나 소젖을 목기(木器)에 담아 놓으면 어울

림을 이루고, 당나귀 젖을 목기에 담아 놓으면 똥이 되는 것과 같은 것이다. 불법의 말씀이나 외도의 말이 살생을 말고 도둑질을 말며 중생을 사랑하고 불쌍히 여기며 마음을 추어잡고 욕심을 여의며 텅 빈 자리를 관하라 함은 같으나 그러나 외도의 말은 처음에는 오묘한 것 같지만 궁극에는 허광에 돌아가나니 일체 외도가 모두 아견에 집착이 된 것이다.(譬如牛乳驢乳其色雖同 牛乳杯則成蘊 驢乳杯則成糞. 佛法語及外道語 不殺不盜 慈愍衆生 攝心離欲 觀空雖同. 然外道語初雖似妙 窮盡所歸則爲虛誑 一切外道皆着我見)' 이것을 일러 '우려이유(牛驢二乳)'라 한다. 즉 소의 젖과 당나귀의 젖은 비슷하다는 말로 같으면서도 다른 사이비(似而非)를 비유한 것이다.

7] 부자(符子)가 말하기를 '요임금이 천하를 소부에게 넘기고자 하였다. 소부가 말하기를 "임금이 천하 (백성을) 기르는 것이 또한 내가 어린 송아지를 기르는 것과 같은 것이니 임금이 천하를 기름에 각각 길러야 할 게 있는 것이다. 임금은 어찌 걱정스러워 조그만 기름을 나에게 주려 하는가. 나는 천하를 다스리지 아니 하리라." 하고 이에 송아지를 끌고 가버렸다.(堯以天下讓巢父 巢父曰"君之牧天下 亦猶余之牧孤犢 君牧天下 是各有其所牧矣 君焉用惴惴然而少牧而與余 余無用天下爲也" 於是牽犢而去)'

8] 논어 양화(論語 陽貨)에 공자께서 무성에 가서 거문고를

타며 노래하는 소리를 듣고 빙그레 웃으면서 말씀하였다.

'닭을 잡는데 어찌 소를 잡는 칼을 쓰리요.' (子之武城 聞弦歌之聲 夫子莞爾而笑曰 '割鷄焉用牛刀')

이것을 일러 "우도할계(牛刀割鷄)"라 한다.'

9] 우제지잠 무척지리(牛蹄之涔 無尺之鯉)라는 말이 있다. 회남자 숙진훈(淮南子 俶眞訓)에 '소발자국에 고인 물에는 한자쯤 되는 잉어가 없고, 흙덩이의 언덕 산에는 한길이 되는 재목이 없다.(牛蹄之涔 無尺之鯉 塊阜之山 無丈之材)'

10] 신론(新論)에 '소 발자국에 내리는 장마라도 방어나 서어는 살 수 없고, 장막위에 집을 지은 새의 보금자리는 고니의 알을 용납할 수 없다.(牛蹢之涔 不生魴鱮 巢幕之窠 不容鵠卵)'

11] 우제어(牛蹄魚)라는 말이 있다. 즉 소의 발자국에 갇힌 고기를 구제한다는 말이다. 공총자(孔叢子)의 연총자하(連叢子下)에 보면 '또한 지금은 이미 궁핍하다. 그러나 바야흐로 세금을 거두는 것은 이는 옛 사람이 강물을 터서 소 발자국에 있는 고기를 구제하려는 유(類)와 같다.(且今已乏矣 而方須租入 是猶古人欲決江河而救牛蹄之魚之類也)'

그러므로 뒤에 어떠한 어려움이 닥칠 줄을 짐작하기 어렵다는 의미이다.

12] 장자(莊子)의 양생주(養生主)에 '포정(庖丁:요리를 직업으로 하는 백정)이 문혜군(文惠君:梁나라 惠王)을 위하여 소를 잡는데, 손으로 떠받치는 것이나 어깨로 의지하는 것이나 발로 딛는 것이나 무릎을 구부려서 칼질을 함에 소리가 울려서 음률에 맞지 아니함이 없었고 상림(桑林)의 춤에 합하고 경수(經首)의 모임에 맞았다.

문혜군은 말했다.

"아 잘한다. 재주가 여기까지 이르렀는가?"

포정이 칼을 놓고 대답한다.

"제가 좋아하는 것은 도(道)로서 기술에 앞서는 것입니다. 처음 제가 소를 잡을 때는 눈에 보이는 것이 소뿐이었습니다. 3년 뒤에는 일찍이 전부 소가 보이지 않았고 지금에는 저는 신령(神靈)함으로 만나고 눈으로 보지 않습니다. 감관(感官)보다는 신령으로 행함으로 자연적인 이치에 의하여 뼈와 살이 붙어 있는 틈을 젖히는 것이나 뼈마디에 있는 큰 구멍에 칼을 집어넣는 것이 진실로 그러함으로 인한 것입니다. 기술은 뼈와 살이 합친데서 일찍이 작은 걸림도 없는데 하물며 큰 뼈이겠습니까?"(庖丁爲文惠君解牛, 手之所觸, 肩之所倚, 足之所履, 膝之所踦, 砉然嚮然, 奏刀騞然, 莫不中音. 合於桑林之舞, 乃中經首之會. 文惠君日「譆, 善哉! 技蓋至此乎?」庖丁釋刀對日「臣之所好者道也, 進乎技矣, 始臣之解牛之時, 所見无非全牛者. 三年之後, 未嘗見全牛也. 方今之時, 臣以神遇而不以目視, 官知之而神欲行. 依乎天理, 批大卻 導

大窾 因其固然, 技經肯綮之未嘗微礙, 而況大軱乎!)'

13] 속제해기(續齊諧記)에 '계양성의 무정이 선도를 좋아하였는데 그 아우에게 이르기를 "7월 7일에 직녀만 은하를 건너고 모든 선녀는 다 궁으로 돌아왔다."

아우가 묻기를 "직녀는 어떻게 은하를 건넜습니까?"

대답하기를 "직녀가 잠시 소를 끌고 갔는데 세상 사람들이 지금까지도 직녀는 시집갈 때 소를 끌고 갔다고 말한다."(桂陽城武丁有仙道 謂其弟曰 七月七日 織女當渡河 諸仙悉還宮 弟問曰 織女何事渡河 答曰 織女暫詣牽牛 世人至今云織女嫁牽牛也)'

14] 회남자(淮南子) 제속훈(齊俗訓)에 '방금 소를 잡아서 그 고기를 삶으면 혹 신맛이 되기도 하고 혹 단맛이 되기도 하며 볶든 지지든 굽든 맛은 여러 가지지만 그 근본은 한 마리 소의 몸이다.(今屠牛而烹其肉 或以爲酸 或以爲甘 煎熬燎炙 齊味萬方 其本一牛之體)'

15] 순자(荀子) 불구(不苟)에 '말이 울면 말이 응하고, 소가 울면 소가 응한다.(馬鳴而馬應之 牛鳴而牛應之)'

16] 순자(荀子) 왕제(王制)에 '힘은 소와 같지 못하며, 달림은 말과 같지 못하다. 그러나 소와 말을 활용하는 것은 왜 그러한

가. 말하자면 "사람은 능히 무리를 짓고 저들은 능히 무리를 짓지 못함이다"(力不若牛 走不若馬 而牛馬爲用 何也 曰 "人能? 彼不能群也")'

17] 순자(荀子) 요문(堯問)에 '군자의 힘이란 소와 같은 것이지만 소와 힘을 다툴 수는 없고, 달림은 말과 같은 것이지만 말과 달림을 다툴 수는 없으며, 앎은 선비와 같은 것이지만 선비와 앎을 다툴 수 없는 것이다.(君子力如牛 不與牛爭力 走如馬 不與馬爭走 知如士 不與士爭知)'

18] 주역(周易) 기제구오(旣濟九五)에 '동쪽 이웃의 소를 희생으로 바치는 형식의 제사보다는 서쪽 이웃의 정성스런 봄 제사만 같지 못하나니 실질적으로 그 복을 받는다.(東隣殺牛 不如西隣之禴祭 實受其福)'

19] 맹자 고자상(孟子 告子上)에 '우산의 나무는 일찍이 아름다웠는데 그게 큰 나라의 교외에 있으므로 도끼로 찍었으니 가히 써 아름답겠는가. 낮과 밤으로 자라남과 비와 이슬의 윤택함으로 싹이 돋는 게 없지는 않지만 소와 양을 또 좇아서 먹인지라 이러하므로 저렇게 민둥산이 되었다. 사람들은 그 민둥함을 보고 일찍이 재목이 있지 않았다고 생각하나니 이것이 어찌 산의 본성이겠는가.(牛山之木嘗美矣 以其郊於大國也 斧斤伐之 可以爲美乎

是其日夜之所息 雨露之所潤 非無萌蘖之生焉 牛羊又從而牧之 是以若彼濯濯也 人見其濯濯也 以爲未嘗有材焉 此豈山之性也哉)'

20] 맹자 고자상(孟子 告子上)에 고자가 말하였다.
'생긴 그대로가 성이다.'
맹자가 말하였다.
'생긴 그대로를 성이라 한다면 하얀 것을 하얗다 하는 것과 같은가?'
'그러하다'
'흰 깃의 흰 것은 흰 눈의 흰 것과 같으며, 흰 눈의 흰 것은 흰 옥의 흰 것과 같은가?'
'그러하다'
'그렇다면 개의 성은 소의 성과 같고, 소의 성은 사람의 성과 같은가?' (告子曰 生之謂性 孟子曰 生之謂性也 猶白之謂白與 曰然 白羽之白也 猶白雪之白 白雪之白 猶白玉之白與 曰然 然則犬之性 猶牛之性 牛之性 猶人之性與)

21] 장자(張子:張橫渠)가 말하기를 '천하에 성이라고 이르는 것은 말하자면 금성은 굳고, 수성은 뜨거운 것과 같은 것이니, 소의 성이나 말의 성도 본디 있지 않음이 없다.
(天下凡謂之性者 如言金性剛 水性熱 牛之性 馬之性 莫非固有)'

22] 명도(程明道) 선생이 말하기를 '개나 소나 사람은 나아갈 줄은 앎으로 그 성은 본래 같은 것인데 다만 형상으로 한계를 지은지라 그러므로 변경될 수 없는 것이니 틈사이의 햇빛이 모남과 둥굶을 여의지 않고 그 빛은 하나인 것과 같다. 오직 품부한 바가 다른 것이다. 그러므로 생긴 그대로가 성이라고 말함에 고자는 하나라 하였고 맹자는 아니라고 한 것이다.(犬牛人知所去就 其性本同 但限以形 故不可更 如隙中日光 方圓不離 其光一也 惟所稟各異 故生之謂性 告子以爲一 孟子以爲非也)'

23] 관윤자 오감(關尹子 五鑑)에 '흘러가는 것은 배다. 흘러가게 하는 것은 이 물이요 배가 아니다. 수레는 움직인다. 움직이게 하는 것은 이 소요 수레가 아니다. 생각하는 것은 마음이다. 생각하게 하는 것은 이 뜻이요 마음이 아니다. (流者舟也, 所以流之者是水非舟；運者車也, 所以運之者是牛非車；思者心也, 所以思之者是意非心)'

24] 조씨가 주한 맹자 고자상(趙氏註孟子 告子上)에 '맹자는 소의 성은 가볍고, 눈의 성은 사라지며, 옥의 성은 견고하다 하였다. 비록 모두 희지만 그 성은 같지 않은 것이다.(孟子以爲牛性輕 雪性消 玉性堅 雖俱白其性不同)'

25] 신감 속혐(申鑒 俗嫌) '진흙을 구워 기와를 만드는 것은

가하려니와 기와를 녹여 거울을 만드는 것은 불가하니 스스로 그러함은 그렇지 않음에서 증험이 되는 것이다. 기괴(奇怪)하다! 개나 양의 고기를 가지고 말이나 소고기로 위조(僞造)하여 대체함은 거의 하지 못하는 것이니 그 그렇지 아니한가?(燔埴爲瓦則可, 爍瓦爲銅則不可, 以自然驗於不然 詭哉 敵犬羊之肉以造馬牛, 不幾矣, 不其然歟)'

26] 경덕전등록23권에 소주 대범 원화상이 성승을 봄으로 인하여 중에게 물었다.

'이 성승의 나이가 얼마인가.'

중이 대답하였다.

'화상과 같은 나인가 합니다.'

원화상이 할을 하면서 말하였다.

'이 (힘이) 다한(빠진) 소야 쉽게 계합(契合)한다 이르지 말라.' (景德傳燈錄卷23 韶州大梵圓和尙 師因見聖僧 便問僧 此箇聖僧年多少 僧曰恰共和尙同年 師喝之曰 '這竭牛 不易道得' )

6

# 소(牛)와 관련이 있는 公案

1] 오등회원에 '장경대안선사가 백장회해선사에게 나아가 예를 드리고 물었다.

"제가 부처 알기를 구합니다. 무엇이 이것(부처)입니까?"

백장선사가 대답한다.

"대개 소를 타고 소를 찾는 것과 같다."

"안 뒤에는 어찌 하여야 합니까?"

"사람이 소를 타고 집으로 가는 것과 같다."

"시작과 끝은 모르면 어떻게 보림을 하여야 합니까?"

"소를 기르는 사람과 같아서 장대를 가지고 지켜보되 남의 싹을 침범하지 못하게 할지니라."

대안선사는 여기서 현지(玄旨)를 깨닫고 사방으로 구하러 다니지 않았다.

(五燈會元曰 '長慶大安卽造百丈 禮而問曰 "學人欲求識佛 何者卽是" 丈曰 "大似騎牛覓牛" 師曰 "識得後如何" 丈曰 "如人騎牛至家" 師曰 "未審如何保任" 丈曰 "如牧牛人 執杖視之 不領犯人苗稼" 師自玆領旨 更不馳求')

2] 하루는 석공혜장선사가 부엌에서 일을 하고 있는데 마조도일선사가 물었다.

'무엇을 하느냐?'

'소를 기릅니다.'

'어떻게 기르느냐?'

'한번이라도 풀밭으로 들어가면 코뚜레를 잡아 끌어냅니다.'

'그대는 참으로 소를 기를 줄 아는구먼.'

(撫州石鞏惠藏禪師 一日 廚中作務次 馬祖見而問曰 '作甚麽') 鞏曰 '牧牛' 祖曰 '作麽生牧' 鞏曰 '一回入草去 把鼻拽將來' 祖曰 '子眞解牧牛'

3] 오등회원에 보면 '오봉상관선사가 물었다.

"스님은 어디서 오는가."

스님이 대답한다.

"장상에서 옵니다."

"그대가 소를 보았는가."

"보았습니다."

"오른쪽 뿔을 보았는가. 왼쪽 뿔을 보았는가."

스님이 대답이 없었다.

오봉상관선사가 대신하여 말하였다.

"보는 데는 왼쪽과 오른쪽이 없다."

(五燈會元曰 '五峰常觀禪師問 "僧甚麽處來" 曰 "莊上來" 師曰 "汝還見牛麽" 曰 "見" 師曰 "見右角 見左角?" 僧無語. 師代曰 "見無左右"')

4] 경덕전등록에 보면 '대중들이 밤에 참구하는데 등불을 밝히지 않았다.

약산유엄선사가 말하였다.

"나에게 한 글귀가 있으니 수소가 새끼를 낳은 때를 기다렸다가 그대들을 향하여 일러주리라."

그 때에 스님이 있어 말하였다.

"수소가 새끼를 낳았는데 어찌 이르지 않습니까?"

"등불을 가지고 오느라."

그 스님이 거두고 물러나 대중 속으로 들어갔다.

(景德傳燈錄曰 '大衆夜參不點燈 藥山惟儼垂語曰 "我有一句子待特牛(公牛)生兒卽向汝道" 時有僧曰 "特牛生兒也 何以不道?" 師曰 "把燈來" 其僧抽退入衆')

5] 오등회원에 보면 위산선사와 앙산선사가 소를 먹이는데 위산선사가 말하였다.

"이 가운데 보살이 있는가 없는가"

앙산선사가 대답하였다.

"있습니다."

"그대가 본 그것이 옳다면 시험 삼아 내어 보이라."

"화상께서 그것이 옳지 않다 의심스러우면 시험 삼아 내어 보이소서."

위산선사가 그만두다.

(五燈會元曰 '潙山同師(仰山)牧牛次 潙曰 "此中還有菩薩也無" 師曰 "有" 潙曰 "汝見那個是 試指出看" 師曰 "和尙疑那個不是 試指出看" 潙山便休)'

6] 경덕전등록9권에 보면 위산선사가 상당하여 대중에게 일렀다.

'노승이 백년 뒤에 산 아래 한 마리 수고우(검정 암소)가 되어 왼쪽 옆구리에 다섯 글자로 "위산의 중 아무개"라 써 있다면 이 때에 위산의 스님이라 부르자니 또한 수고우이고, 수고우라 부르자니 또한 위산 스님이라 무엇이라 불러야 바로 계합(契合)이 될까?'

(景德傳燈錄卷九 師上堂示衆云 '老僧百年後 向山下作一頭水牯牛 左脇書五字云 " 潙山僧某甲" 此時喚作麽潙山僧 又是水牯牛

喚作水牯牛 又云 山僧 喚作什麼 卽得)'

7] 굉지선사의 광록에 '천동정각선사가 상당하여 말하였다. '담이 막혔는데 뿔을 보면 틀림없이 소임을 알 것이요, 산이 막혔는데 연기를 보면 틀림없이 불임을 알 것이다. 또한 이르라! 여러분은 결정코 무엇을 알았는가. 체성에 돌아가 다 계합(契合)하였는가. 새벽을 알리는 소리는 깃들인 새의 지저귐이요 봄을 뚫는 소식은 일찍이 매화의 향기로다'

(宏智禪師廣錄曰 '天童正覺上堂曰 "隔墻見角 定知是牛 隔山見烟 定知是火. 且道諸人定知底作麼生? 還體悉得麼? 報曉音聲栖鳥語 漏春消息早梅香")'

8] 경덕전등록에 보면 염관제안선사가 시자를 불러 말하였다.

"무소가 그려진 부채를 가져오너라."

시자가 대답한다.

"부서져 버렸습니다."

"부채가 부서졌으면 내게 무소를 불러다 다오."

시자가 대답이 없었다.

(景德傳燈錄曰 '鹽官齊安喚侍者云 "將犀牛扇來" 侍者云 "破也" 師云 "扇子破 喚我犀牛來" 侍者無對)'

9] 오등회원2권에 선혜거사의 게가 있다.

'빈손으로 호미를 잡아 김을 매고
걸을 때는 물소를 타고 다니네.
사람들이 다리 위를 지나가지만
다리는 흐르는데 물은 흐르지 않네.'

(五燈會元卷2. 善慧居士有偈曰 '空手把鋤頭 步行騎水牛 人從橋上過 橋流水不流)'

10] 오등회원에 보면 '어떤 스님이 물었다.

"무엇이 부처입니까?"

석문혜철선사가 대답을 한다.

"나뭇군이 거친 들을 지나는데 소를 타고 가도 풀이 드러나지 않는다,"

"어떤 것이 소를 타고 가도 풀이 드러나지 않는 것입니까?"

"가려서 계합(契合)될 수가 없다."

(五燈會元曰 '問 "如何是佛" 石門慧徹禪師曰 "樵子度荒郊 騎牛草不露" 曰 "如何是騎牛草不露" 師曰 "遮掩不得")'

11] 무문관에 보면 '오조가 말하였다.

"비유하자면 수고우가 창가의 난간을 지나가는 것과 같아서 머리와 뿔과 네 발굽이 지나가 버렸는데 무엇으로 인하여 꼬리가 지나간 것에는 계합(契合)되지 못할까?"

(無門關曰 '五祖曰 "譬如水牯牛過窓欞頭角四蹄都過了 因什麽尾巴過不得")'

12] 경덕전등록에 '약산유엄선사가 경을 보고 있었는데 스님이 물었다.

"화상께서는 평상시에 사람들에게 경을 보지 말라 하면서 어찌 경을 보십니까?"

선사가 대답을 하였다.

"나는 눈 가리기를 도모하노라."

"저도 화상에게 배워 계합(契合)할 수 있습니까? 없습니까?"

"이렇게 하려면 그대는 소가죽도 모름지기 뚫어 보아야 하리라."

(景德傳燈錄曰 '藥山惟嚴看經 有僧問 "和尙尋常不許人看經 爲什?却自看" 師曰 "我只圖遮眼" 曰 "某甲學和尙 還得也無" 師曰 "若是汝 牛皮也須看透!")'

13] 오등회원에 남전보원선사(南泉普願禪師)가 상당(上堂)하여 말하였다.

'왕노사(남점보원선사를 가리킴)가 어려서부터 한 마리 수고우를 길렀는데 시내 동쪽을 향하여 먹일까 헤아리니 다른 나라 왕의 수초 먹음을 면할 수 없고, 시내 서쪽을 향하여 먹일까 헤아리니 또한 다른 나라 왕의 수초 먹음을 면할 수 없어서 분수 따라

조금 먹이는 것만 못하다.'

(五燈會元 南泉普願上堂曰 '王老師自小養一頭水牯牛 擬向溪東牧 不免食他國王水草 擬向溪西牧 亦不免食他國王水草 不如隨分納些些')

14] 벽암록7칙 평에 보면 '어떤 사람은 너무 "소를 타고 소를 찾는 것과 닮았다" 이르고, 어떤 사람은 "묻는 게 바로 이것이라"고 이른다.' 하였다.

(碧巖錄七則評曰 '有者道大似騎牛覓牛 有者道問處卽是')

15] 원불교전서(圓佛敎全書) 대종경(大宗經) 수행품(修行品)55장에 대종사 선원 대중에게 말씀하시기를 '그대들의 입선 공부는 비하건대 소 길들이는 것과 같나니 사람이 이 세상에서 도덕의 훈련이 없이 보는 대로 듣는 대로 생각나는 대로 자행자지하여 인도 정의에 탈선되는 행동을 하는 것은 어미 젖 떨어지기 전의 방종한 송아지가 자행자지로 뛰어다닐 때와 같은 것이요, 사가(私家)를 떠나 선원에 입선하여 모든 규칙과 계율을 지켜 나갈 때에 과거의 습관이 떨어지지 아니하여 지도인의 머리를 뜨겁게 하며, 각자의 마음에도 사심 잡념이 치성하여 이 공부 이 사업에 안심이 되지 못하는 것은 젖 뗀 송아지가 말뚝에 매달리어 어미 소를 부르고 몸살을 치며 야단을 할 때와 같은 것이며, 매일 모든 과정을 지켜 나갈 때에 말귀도 차차 알아듣고 사심과 잡념

도 조금씩 가라앉으며 사리(事理)간에 모르던 것이 한 가지 두 가지 알아지는 데에 재미가 붙는 것은 그 소가 완전한 길은 들지 못하였으나 모든 일에 차차 안심을 얻어 가는 때와 같은 것이요, 교의(教義)의 해석과 수행에 탈선되는 일이 없으며 수양력(修養力)과 연구력(研究力)과 취사력(取捨力)이 익어가는 동시에 정신·육신·물질을 희사하여, 가는 곳마다 공중을 이익 주게 되는 것은 길 잘든 소가 무슨 일이나 시키면 잘하여 가는 곳마다 그 주인에게 이익을 주는 것과 같나니라. 이와 같이, 농가에서 농부가 소를 길들이는 뜻은 전답을 갈 때에 잘 부리자는 것이요, 선원에서 그대들에게 전문 훈련을 시키는 뜻은 인류 사회에 활동할 때에 유용하게 활용하라는 것이니, 그대들은 이런 기회에 세월을 허송하지 말고 부지런히 공부하여 길 잘든 마음 소로 너른 세상에 봉사하여 제생의세(濟生醫世)의 거룩한 사도(使徒)가 되어 주기 바라노라.'

# 7

# 牧牛十圖頌의 位置

불교의 진리 크게 나누자면 [불생불멸(不生不滅)·인과보응(因果報應)] 이라 할 수 있고, 원불교의 진리를 대별하자면 [공(空)·원(圓)·정(正)] 이라 할 수 있다.

또 대종경 서품에서 [만유가 한 체성이며 만법이 한 근원이로다. 이 가운데 생멸 없는 도와 인과 보응되는 이치가 서로 바탕하여 한 두렷한 기틀을 지었도다.] 하였다.

이렇게 본다면 불교든 원불교든 [불생불멸·인과보응] 의 범주를 벗어나서 진리의 설명이나 교리의 형성이나 제도의 준칙을 세울 수가 없음을 알 수 있다.

목우십도송이 실려 있는 [불조요경(佛祖要經] 은 그 전신이 되는 [불교정전(佛敎正典] 이 원기 25(1940)년에 초고(草稿)가 편집

이 되었고 28(1943)년에 발행되었다.

[불교정전(佛敎正典)] 의 1 · 2 · 3권 중에서 3권에 그림과 함께 실렸고, 그 후 원기 50(1956)년에 [불조요경(佛祖要經)] 을 단행본으로 간행하면서 그림을 제하고 송(頌)만 실었다.

[불조요경(佛祖要經)] 을 대별(大別)하자면 3방면으로 나누어 볼 수 있다.

첫째, 불생불멸(不生不滅)의 도를 중심하여 편성이 된 면에서 [금강반야바라밀경(金剛般若波羅密經)] · [반야바라밀다심경(般若波羅密多心經)] 이 여기에 속하고,

둘째, 인과보응(因果報應)의 이치를 중심하여 편성이 된 면에서 [사십이장경(四十二章經)] · [현자오복덕경(賢者五福德經)] · [업보차별경(業報差別經)] 이 여기에 속하며,

셋째, 이 두 진리를 깨닫기 위한 수행 방법으로 제시한 면에서 [수심결(修心訣)] · [목우십도송(牧牛十圖頌)] · [휴휴암좌선문(休休庵坐禪文)] 이 여기에 속한다고 할 수 있다.

여기에 [목우십도송(牧牛十圖頌)] 은 한문학에서 꽃이라 할 수 있는 시(詩)를 도입하여 검은 소가 변하여 흰 소가 되는 과정을 시적으로 읊조려 칠언(七言) 절구(絕句)로 선적(禪的)인 요소를 가미하여 구성하고 표현하였다.

다시 말하면 중생의 마음이 수행이라는 노정(路程)을 통하여 불

보살의 마음으로 변화를 이루는 모습, 즉 중생이 불보살이 되어가는 과정을 한 눈으로 볼 수 있도록 하여 자기 자신이 자기가 불보살로 진전되어가는 모습을 스스로 가늠하고 진단하도록 하였다는 점에서 시사(示唆)하는 바가 있다.

# 1. 아직은 기르지(다스리지) 못하다

## 1. 未牧 : 아직은 기르지(다스리지) 못하다

목(牧)이란 '소나 말을 기르는 사람' (牧 養牛馬之人也)이라는 뜻이다. 따라서 그 의미는 기른다(養也), 다스린다(治也), 살핀다(察也)는 의미도 내포하고 있다. 즉 사람이 소를 기르는 데 있어서 아직은 잘 기르지 못하고 잘 다스리지 못하고 잘 살피지 않았다는 의미이다.

다시 말하면 마음을 공부하여 불보살을 이루는데 시작을 못하고 어두운 업굴(業窟)을 헤매고 있다는 뜻이다.

1) 原文 및 解譯

| | |
|---|---|
| 猙獰頭角恣咆哮 | 쟁령두각자포효 |
| 犇走溪山路轉遙 | 분주계산로전요 |
| 一片黑雲橫谷口 | 일편흑운횡곡구 |
| 誰知步步犯佳苗 | 수지보보범가묘 |

사납게 생긴 머리의 뿔로 방자하게 으르렁거리며
시내와 산골로 내닫고 달리니 길은 점점 멀어가네
한 조각 검은 구름은 골짝 어귀에 비켜 떠있는데
걸음마다 아름다운 싹을 침범할 줄 누군들 알리요.

2) 句節풀이

1] 猙獰頭角恣咆哮

탁마(琢磨)가 되지 않은 인간의 심성(心性)을 야우(野牛)에 비유하여 사납게 소리 지르고, 사방으로 달려서 구속(拘束)할 수도 없고 제어(制御)할 수도 없게 되었다. 이러한 사로(思路)는 유가(儒家)에서 성심관과(省心觀過) 즉 마음을 살피고 허물을 관찰함으로써 공자(孔子)께서 이른 것처럼 '마음이 하고 싶은 대로 할지라도 법도를 넘지 않는다.(從心所欲不逾矩)' 는 경지까지 나아가자는 것이다.

다시 말하면 수행에 뜻을 둔 사람으로 곧 선(禪)을 통해서 진선(眞禪)의 깊은 경지를 밟아 '마음을 밝히고 성품을 보는 것(明心見性)' 을 통하여 본래 고향집으로 돌아가는(回家) 기초를 다지자는 것을 비유한 것이다.

### 2] 犇走溪山路轉遙

아직은 길이 들지 않은 어리고 철모르는 송아지가 그야말로 천방지축(天方地軸)으로 날뛰고 밖으로 내달아 근원에서 갈수록 멀어져만 가니 언제 길을 돌려서 자기 본집으로 돌아올까?

다시 말하면 마음을 닦고 진리를 깨닫는데 자꾸자꾸 멀어져 간다.

### 3] 一片黑雲橫谷口

분명히 소는 있는데 검은 구름이 산과 골짜기를 가리고 따라서 소 자체도 검은지라 그 모양이 보이지 않는다. 다시 말하면 오음(五陰)이나 악념(惡念)이나 무명(無明)이나 업장(業障) 등이 본성의 광명을 가려서 드러나지 않기 때문에 향상일로(向上一路)를 찾지 못하고 헤매고 있다.

4] 誰知步步犯佳苗

소가 제재(制裁)를 받지 않으므로 날뛰는 걸음마다 곡식을 밟아 훼손한다. 그런데 이렇게 훼손하고 있지만 훼손하고 있다는 사실을 모르는 데에 문제가 있다. 즉 골라지고 길들지 않은 마음을 비유한 것으로 스스로 자신의 마음을 자기가 들어서 파괴(破壞)하지만 그런 사실을 자각하지 못하고 있다.

3) 漢字풀이

1] 未(아닐 미);아니다. 아직-하지 못하다. 아직 그러하지 아니하다. 미래.

2] 牧(칠 목. 기를 목);치다. 마소를 놓아기르다. 마소를 치는 사람. 목장.

3] 猙(사나울 쟁);포악함. 사나움.

4] 獰(모질 영);맹악(猛惡)함. 흉악함.

5] 頭(머리 두);머리. 머리털. 꼭대기. 맨 앞. 우두머리.

6] 角(뿔 각);뿔. 짐승의 뿔.

7] 恣(방자할 자);방자하다. 마음 내키는 대로 하다. 하고 싶은 대로 맡기다.

8] 咆(으르렁거릴 포);으르렁거리다. 성을 내다.

9] 哮(으르렁거릴 효);으르렁거리다. 큰 소리를 내다.

10] 犇(달아날 분<奔과 통합>);달아나다. 소가 놀라다.

11] 走(달아날 주);달리다. 달아나다. 빨리 가다. 도망치다.

12] 溪(시내 계);시내. 시냇물. 산골짜기.

13] 山(뫼 산);뫼. 산.

14] 路(길 로);길. 거쳐 가는 길. 겪는 일.

15] 轉(구를 전);구르다. 굴러 넘어지다. 굴러 옮기다.

16] 遙(멀 요);멀다. 길다. 아득하다.

17] 一(한 일);하나. 한번. 처음.

18] 片(조각 편);조각. 한쪽을 이루는 것. 납작한 조각.

19] 黑(검을 흑);검은 색. 나쁜 마음. 어리석은 마음.
눈이 어두워지다.

20] 雲(구름 운);구름. 습기.

21] 橫(가로 횡);가로. 동서. 가로지르다.

22] 谷(골 곡);골. 골짜기. 좁은 길.

23] 口(입 구);입. 어귀. 구멍.

24] 誰(누구 수);누구. 어떤 사람.

25] 知(알 지);알다. 느끼다. 기억하다. 들어서 알다.
보아서 알다.

26] 步(걸음 보);걸음. 걷다. 걸리다.

27] 犯(범할 범);범하다. 헤치다. 어긋나다.

28] 佳(아름다울 가);아름답다. 좋다. 좋아하다.

29] 苗(모 묘. 싹 묘);모. 싹. 곡식. 옮겨 심기 위하여 기른 벼.

* 처음으로 나오는 글자만 풀이함.

## 4) 單語 및 熟語풀이

1] 狰獰(쟁영);사납고 포악하여 거침없이 날뛰고 들이받아 접근을 할 수가 없다.

2] 頭角(두각);머리 끝. 처음. 단서. 머리에 달린 뿔.

3] 咆哮(포효);맹수가 성내어 으르렁거리며 우는 것으로 산천이 쩌렁쩌렁함을 말한다.

4] 犇走:奔走(분주);바삐 달림. 애씀. 진력함. 사정없이 내달림.

5] 溪山(계산);시내와 산. 온 산과 들판.

6] 黑雲(흑운);검은 구름. 먹구름. 삼독(三毒)이나 오욕(五慾)이나 업장(業障)이나 무명(無明)을 말하는 것으로 사람의 마음을 덮어 씌어 지혜의 빛이 나오지 못하도록 싸고 있다.

7] 谷口(곡구);골짜기의 어귀. 골짜기로 들어가는 입구.

8] 步步(보보);걸을 때마다. 일보일보(一步一步).

9] 佳苗(가묘);좋은 싹. 튼실한 싹. 선근(善根)이나 선행(善行)의 종자를 말하는 것으로 마음이 사람의 종자이기 때문에 잘 가려서 좋은 종자를 보존하여야 한다.

### 5) 정전(正典)의 무시선법(無時禪法)

무시선법과 연계를 시켜보자. 꼭 들어맞는다고 단정할 수는 없으나 마음의 소(心牛)를 길들여 간다는 의미에서는 상통하는 바가 많으므로 연계를 시켜 동정(動靜)이나 거래(去來)나 시공(時空)이나 주야(晝夜)를 가리지 않고 수행공부(禪功夫)로 일관(一貫)하는 계기를 삼자는 것이다.

무시선법에 '처음으로 선을 닦는 사람은 마음이 마음대로 잘 되지 아니하여 마치 저 소 길들이기와 흡사 하나니 잠깐이라도 마음의 고삐를 놓고 보면 곧 도심을 상하게 되나니라.(暫放心 轡卽傷道心)' 하였다.

수도인이 선(禪)을 하자는 것은 본래 자기(本自己)로 돌아가자는데 의의가 있다할 것이다. 즉 본래의 자기란 복락(福樂)과 지혜(智慧)를 갖춘 완전한 사람이었는데 생을 반복하는 과정에서 참자기로부터 벗어나 거짓의 자기를 위주로 살다가 보니까 복혜(福慧)가 줄어든 하등(下等)의 인간으로 전락이 되어 아무렇게나 삶이 이어지고 있다.

그러므로 선이라는 수행의 과정을 통하여 본래의 자기에게로 귀수(歸首)가 되어야 한다.

길들지 않은 소는 고삐를 항상 꽉 잡아서 함부로 날뛰지 못하게 하여야 한다. 그래도 날뛰면 코를 꿰어 더 조이고 단단하게 잡아야 한다. 마찬가지로 길들지 않은 마음도 고삐를 잡아서 늦추지 말아야 한다. 만일에 함부로 고삐를 늦추면 본래 맑고 원래 밝은 자기의 이성(理性), 곧 양심(良心), 곧 불심(佛心), 곧 도심(道心)이 상처를 받게 되므로 항상 마음의 고삐를 잡아서 길을 잘 들여야만 앞으로 공부를 하는데 어려움이 없이 올바른 길을 밟아 나아갈 수 있다.

### 6) 解義

주역(周易) 겸괘(謙卦)의 상(象)에 보면 '군자는 낮추어서 스스로 기른다.(君子卑以自牧也)'는 말이 있다. 즉 군자이면서 자기 자신을 낮춘다는 것은 더욱 성숙된 인격을 도야(陶冶)하기 위하여 삼가고 조심한다는 것이다.

그렇다면 군자가 아닌 일반 사람들은 어떠할까. 낮추고 또 낮추어 인격을 쌓아가야 한다. 더 나아가 범부(凡夫)요 중생(衆生)은 어떠할까? 정말 아래의 아래 또 아래의 아래(下之下又下之下)에 처하여 자기의 인격을 길러 가야 한다. 그래서 자기가 자신을 길러 인격을 갖춘 사람이 되어야지 남에게 의탁이 되어 자기를 기를 수는 없는 것이다.

여기에 송아지가 있다. 누런 송아지(黃犢)요 붉은 송아지(紫犢)

며 검은 송아지(黑犢)다. 이렇게 황독이 되었든 자독이 되었든 흑독이 되었든 간에 처음 날 때는 귀여워 사람들의 사랑을 받았지만 시간이란 게 굴러 가면서 흑독이 흑독됨은 말할 것도 없고 황독도 자독도 무두 흑독이 되어 버렸다.

그래서 검은 송아지가 흰 소가 되는 과정을 그려서 수행의 단계를 삼아 비록 지금은 중생세계에 살지만 불보살이 될 수 있음을 제시하여 준 것이다. 만일에 중생에 있으면서 이러한 층단(層段)의 방법을 따르지 않고 날뛰게 되면 대중(大衆)과 진리(眞理)와 스승의 뭇 매를 맞아 전로(前路)가 트임이 없이 막히게 될 것이다.

사실 일초직입여래지(一超直入如來地)라는 경지도 있다고 한다. 한번 공부하여 불보살이 되는 경지이다. 그러나 이러한 사람은 몇 수십억의 사람 중에 하나 있을까 말까 하는 희귀적인 사람이요, 중생은 대개 피나는 공부의 과정을 거쳐서 불보살의 인격을 이루는 것으로 그 출발을 가장 낮은 데서부터 시작하여 높은 단계로 올라가 백우(白牛)가 되자는 것이다.

인간에 있어서 본연의 심성(心性), 원래의 지선(至善), 가식(假飾)되지 않은 천품(天稟)이란 어떤 탁마(琢磨)나 수련(修鍊)을 거치지 않고도 맑고 지혜롭고 슬기로워 저 태양처럼 광명이 내포(內包)되어 그 빛이 발산되고 있다. 그래서 이 심성 이대로 가지고 살면 그 삶은 참으로 청랑(晴朗)하고 아름다울 것이다.

그러나 잘 다듬어지지 않은 삶이란 어둡고 구겨짐이 많아 앞이 고달프고 괴로울 수밖에 없을 것이다. 다시 말하면 누구나 원성(原性)이 있고, 지선이나 천품이 있지만 여기에서 벗어나고 어긋난 게 마치 서로 맞지 않은 톱니바퀴가 되어 있기 때문에 고통이 뒤따르게 되고 매사에 여의(如意)를 이룰 수 없는 것이다.

이를 비유하자면 '길들지 않은 소'와 같다고 할 수 있다. 즉 야성(野性)을 가진 야우(野牛)와 같다는 의미이다. 소란 힘이 세고 얌전하다. 순종적이고 잘 따른다. 그렇지만 길이 들지 않은 송아지는 천방지축(天方地軸)이다. 물불을 가리지 않고 뛰어다닌다. 누구도 힘으로 끌 수 없고 또 잡을 수도 없다. 마치 눈이 어두워 앞이 보이지 않고 분간할 수도 없는데 더욱 어둠 속에 있는 것과 같아서 답답하고 혼란스러워 실진(失眞)의 지경, 전광(癲狂)의 지경이 되고 말 것이다.

무섭게 생긴 소가 소리를 지르면서 뛰어 다닌다. 뿔로 사람도 찌르고 담장도 받으며, 곡식밭에도 들어가고 옹기전에도 뛰어들고 방에도 뛰어들어 앞뒤를 분간하지 못하고 제멋대로 날뛰고 다닌다. 아무리 고삐를 잡고 끌어도 소용이 없으며, 심지어 때리거나 무력(武力)을 사용해도 아무런 소용이 없다.

차라리 멈추어 있으면 범과(犯過)도 없으련만 오히려 날뛰기 때문에 그른 말을 듣고 남의 손가락질을 받으며 어둠 속을 헤매고 저하(低下)되어 미로(迷路)를 걸어 목적지를 모르고 광성(狂性)대로 달려서 아름다운 자신의 본성을 망가뜨려 영묘(靈妙)한 지혜를 덮어버리게 되는 것임을 알아야 한다.

사람이 이러한 지경에 이르면 누구나 각심을 가져 공부하려고 할 것이니 첫발을 잘 내딛어 앞으로 전개되는 과정을 잘 밟아 나아간다면 능히 대성(大成)의 큰 열매를 가슴에 한 아름 안게 되리라.

### 7) 和頌

| | |
|---|---|
| 無知癡頑亂聲哮 | 무지치완난성효 |
| 不鑠業障彼岸遙 | 불삭업장피안요 |
| 暗裏夢中迷路覓 | 암리몽중미로멱 |
| 何時遇主養心苗 | 하시우주양심묘 |

지혜 없이 어리석고 완고하여 어지럽게 소리 지르고
업의 가림을 녹이지 못하니 저 언덕은 멀어만 가네
어둠 속이요 꿈 가운데서 미혹한 길을 찾아가려 하니
어느 때 (나를 끌어줄) 주인을 만나 마음 싹 기르랴!

대개 소리가 크면 자기의 모자람이 밖으로 표출되는 수가 많이 있다. 이는 무지하고 어리석고 완악(頑惡)하고 심란(心亂)함이 나타나는 것으로 이 모두가 업장을 만드는 요소들이다. 이러한 요소에 의하여 만들어진 업장은 저 언덕(彼岸) 즉 극락이나 천당이나 불지(佛地)나 입성(入聖)을 가로막는 장벽이 된다. 만일에 우리의 앞에 업이라는 장벽이 있다면 이는 어두운 미로(迷路)나 몽중에서 나갈 길을 찾는 것과 같아서 탈출이 대단히 어려울 것이다.

그러므로 공부하는 사람은 자기의 참 주인을 만나고 또 자신을 올바른 방향으로 이끌어줄 스승을 만나서 진성의 싹(眞性之芽)·불조의 싹(佛祖之萌)을 잘 기르고 북돋아 아름다운 열매가 맺히도록 진력(盡力)을 하여야 한다.

# 2. 처음으로 조금씩 골라지기 시작하다

## 2. 初調 : 처음으로 조금씩 골라지기 시작하다

조(調)란 '화합하고 순응한다.' (和而順之也)는 의미이다. 또는 평균(平均)이라는 의미도 있으며, 적합(適合)하고 합의(合宜)라는 의미도 있다. 즉 처음으로 조금씩 호응하고 따르며 화합하려고 곁으로 다가선다는 의미이다.

다시 말하면 조화(調和)되려고 첫 걸음을 옮기고 있다.

1) 原文 및 解譯

| | |
|---|---|
| 我有芒繩驀鼻穿 | 아유망승맥비천 |
| 一廻奔競痛加鞭 | 일회분경통가편 |
| 從來劣性難調制 | 종래열성난조제 |
| 猶得山童盡力牽 | 유득산동진력견 |

나에게 고삐가 있어서 곧장 코를 뚫었고
한번 돌아 달아나면 아프게 매를 더하네
이전의 졸렬한 습성 고르고 제재키 어려워
오히려 산동(목동)은 힘을 다해 이끄누나.

2) 句節풀이

1] 我有芒繩驀鼻穿

산동 즉 목동이 아무리 힘이 세다고 할지라도 송아지의 힘을 당할 수가 없으므로 부득이 물리적인 방법을 쓸 수밖에 없을 것이니 그것이 바로 코를 뚫어 꿰는 것이다. 그러하면 마음대로 부릴 수가 있다.

이와 같이 길이 들지 않은 마음이라고 할지라도 자기의 본성이라는 말뚝에 마음의 코를 꿰어 잡아매어 조금씩 조금씩 길을 들이자는 것이다.

2] 一廻奔競痛加鞭

그러나 소는 제멋대로 움직이고 달아나고 날뛴다. 그 때마다 채찍이라는 도구를 이용하여 사정없이 후려쳐서 꼼짝 못하게 하여야 한다.

다시 말하면 내 자신의 길들지 않은 마음을 법이나 도의 채찍으로 내려쳐서 작은 각성(覺醒)이라도 생겨 정신이 바짝 나도록 하여야 한다.

3] 從來劣性難調制

사람은 현생의 습관도 무수무한(無數無限)하지만 과거 생으로부터 이어온 습성(習性)은 단번에 떨쳐버리기가 대단히 어렵다. 즉 중생일수록 하열(下劣)한 근기에서 익힌 습인(習因)은 더욱 무겁고 두꺼워서 단번에 녹여내기가 어려운 것이다.

그러므로 반복(反復)이라는 과정을 통하여 계속하여야 하는 것이 마치 소를 통제(統制)하기 위하여 피나는 길들임의 복습이 있는 것과 같은 것이다. 이러한 뒤에 비로소 완전히 제어(制御)할 수가 있다.

4] 猶得山童盡力牽

절대로 포기할 수는 없다. 아무리 소가 힘이 있다고 할지라도 끌고 가는 것은 목동이요, 끌려가는 것은 송아지일 수밖에 없으므로 죽을 힘을 다하여 끌어야 한다. 송아지란 끌지 않으면 따라오지 않는다. 힘을 늦춰줌이 없이 끌어야 한다.

그러므로 비록 길이 덜든 마음이라도 포기하지 말고 죽도록 마음의 고삐를 잡고 끝까지 끌어야 한다.

3) 漢字풀이

1] 初(처음 초);처음. 시작. 첫.

2] 調(고를 조);고르다. 조절하다. 익히다. 길들이다.

3] 我(나 아);나. 우리. 외고집.

4] 有(있을 유);있다. 존재하다. 소유물(所有物).

5] 芒(억새 망);포아풀과에 속하는 다년초. 꺼럭. 털. 까끄라기.

6] 繩(줄 승. 노 승);줄. 새끼. 먹줄. 법도. 노.

7] 驀(곧장 맥);바로. 금세.

8] 鼻(코 비);코. 구멍. 맞트이게 뚫은 자국. 코 꿰다. 짐승의 코에 코뚜레나 바 같은 것으로 꿰다.

9] 穿(뚫을 천);뚫다. 구멍. 구멍이 나다.

10] 廻(돌 회);돌리다. 빙빙 돌다. 돌다.

11] 奔(달아날 분);달리다. 달아나다. 패주(敗走)하다.

12] 競(겨룰 경);겨루다. 나아가다. 향하여 가다. 다투다.

13] 痛(아플 통);아프다. 앓다. 마음 아파하다.

14] 加(더할 가);더하다. 입다. 처하다. 몸에 붙이다.

15] 鞭(채찍 편);채찍. 매질하다.

16] 從(좇을 종);좇다. 나아가다. 순직하다.

17] 來(올 래);오다. 장래. 부르다.

18] 劣(못할 열);못하다. 적다. (수준, 지위, 정도 등이) 낮다.

19] 性(성품 성);성질. 성품. 생명. 목숨. 타고난 품성.

20] 難(어려울 난);어렵다. 재앙. 근심.

21] 制(억제할 제);억제하다. 누르다. 마를 제. -마르다. 만들다. 짓다.

22] 猶(오히려 유);오히려. 마치 -와 같다. 지금도 역시.

23] 得(얻을 득);얻다. 이익. 이득.

24] 童(아이 동);아이. 아직 뿔이 나지 아니한 양이나 소.

25] 盡(다할 진);한도에 이르다. 맡기다. 정성을 다하다.

26] 力(힘 력);힘. 힘쓰다. 있는 힘을 다하여.

27] 牽(끌 견);끌어당기다. 끌다.

### 4) 單語 및 熟語풀이

1] 芒繩(망승);억새나 삼으로 꼬아서 만든 노끈. 또는 바. 밧줄. 아주 질기다. 무엇을 묶는다거나 고삐로 쓰인다.

2] 鼻穿(비천);소의 코를 뚫는 것. 소는 힘이 있어서 함부로 다룰 수 없지만 코를 뚫으면 어린 아이라도 자유롭게 부릴 수가 있다.

3] 一廻(일회);한 번. 제 자리서 한 바퀴 도는 것.

4] 奔競(분경);분은 '달아난다.' 는 뜻이요 경은 '다투다 · 겨룬다.' 는 의미이다. 성질을 내어 멀리 달아나고 씩씩거리며 사방팔방으로 뛰어다니는 것을 말한다.

5] 加鞭(가편);채찍으로 때린다는 의미이니 소나 양을 임의대로 다룰 수 없을 때 매나 채찍을 사용하여 통증을 더함으로써 의도대로 부릴 수 있다.

6] 從來(종래);지금까지 내려 온 그대로. 과거로부터 지금까지.

7] 劣性(열성);대립 형질이 다른 두 품종을 교배할 때, 잡종 제1대엔 나타나지 않는 형질(形質)로 이것을 잠성(潛性)이라고도 한다.

8] 調制(조제);고르고 제재하는 것. 즉 조란 '익히고 길들인다.' 는 의미이고, 제란 '억제하고 누른다.' 는 의미이다. 곧 잘 조절하고 억제하여 제멋대로 하지 못하도록 한다는 뜻이다.

9] 山童(산동);두메에서 자란 아이. 즉 목동(牧童). 마소를 치는 아이. 소나 양을 모는 사람. 곧 몰이꾼.

10] 盡力(진력);있는 힘을 다 하는 것. 자기에게 있는 힘을 조금도 남기지 아니하고 십분 다하는 것을 말한다.

### 5) 정전의 무시선법

무시선법에 "아무리 욕심나는 경계를 대할지라도 끝까지 싸우는 정신을 놓지 아니하여야 한다.(故對慾境 不放鬪神)"고 하였다.

세상에는 경계가 무수하게 많다. 그 중에서도 욕심(慾心)의 경계란 끝이라는 게 없고 높이라는 게 없으며 넓이라는 게 없다. 즉 한계와 만족(滿足)이 없다. 채워지지도 않고 측량되어지지도 않는다.

그러므로 가까이 않는 게 상책(上策)이요 끊는 게 상계(上計)이다. 그러나 어디 그렇게 쉽게 되는가. 아무 대가도 치르지 않고 쉬 복종을 하는가. 아니다. 절대로 아니다. 그래서 싸우라고 한 것이다. 즉 싸우는 정신을 놓지 아니하고 끝까지 싸운다면 틀림없이 이길 수 있는 날이 오게 된다.

### 6) 解義

사람이 살아가는 데는 조절(調節)이란 게 필요하다. 공장에서 기계가 돌아갈 때 상호간에 기능의 조절을 잘 맞추어야 그 기계에 고장이 생기지 않고 또 조화(調和)가 이루어지며 따라서 거기에서 생산되는 제품도 차질이 없이 순조롭게 나와서 이익을 남기게 될 것이다.

마찬가지로 수도하는 사람이 무명 업장에 둘러싸인 열성(劣性)을 다스리지 아니하고 그대로 둔다면 수도의 끝은 보잘 게 없을 것이다. 이러한 열성이란 마음먹은 대로 조절이 되어지지 않는다. 즉 아직은 전세의 습인(習因)이 뿌리를 깊이 박아 드러내지 아니하고 또 깊은 곳에서 녹아 없어지지 아니하여 의도(意圖)한 방향으로 되어지기보다는 업습(業習)에 끌리고, 업습이 주관이 되고, 업습이 앞장서고, 업습이 뿌리를 뻗혀 행세를 하기 때문에 내면의 주인이 제자리에 서지 못하고 사방으로 뛰고 달리고 흩어져서 붙잡아 앉힐 수 없는 것이다.

길이 들지 않은 소는 조절을 할 수가 없다. 조화롭게 할 수도 없다. 너무나 힘이 세어서 마음먹은 대로 끌어지지 아니한다. 때로 소리 지르고 때로 울부짖으며 산이나 들을 구분하지 못하고 뛰고 달려서 발굽이 헤지고 몸이 찢기며 뼈가 부러지고 목숨이 위태롭게 되어도 소용없이 치달아 나아간다.

그래서 물리적인 방법을 고안하여 소의 코를 뚫게 된다. 소의 코에 이물질이 끼어 있으면 조금만 잡아당겨도 코가 아프므로 끌면 끄는 대로 따라온다. 그래도 말을 듣지 않으면 매라는 도구를 가지고 아픔을 가함으로써 말을 듣고 따라오도록 한다.

다시 말하면 천방지축으로 뛰어 달아나는 자유방종을 억압함으로써 부자유한 신세로 만들고, 따라서 부자유한 신세가 되면 새끼줄 한 가닥에도 꼼짝하지 못하여 따르고, 매 한 대에도 반항하지 못하고 따르게 된다.

수도하는 사람을 어둡게 하고 가리는 것은 무명(無明)과 업장(業障)이다. 무명과 업장이란 두꺼운 장막과 어둠이 밝음을 가려서 생기는 그림자(影子)이다. 이 그림자는 밝음을 싫어하고 나타나기를 싫어하여 자꾸 숨고 가라앉는다. 그래서 못 찾고 못 본다. 이 무명의 흑우(黑牛)를 찾아 끌어내려 하여도 일정하게 숨어 있지 않기 때문에 대단히 어렵다. 절대로 호락호락하지 않는다.

그러므로 걷어내고 밝혀내자. 어떠한 업장과 무명이 덮여 있다고 할지라도 수도문(修道門)의 안으로 끌어 들여서 밝히고 녹여내어야 한다. 놔두면 안 된다. 더 검어지고 더 덮이고 더 어두워 구제할 수 없는 나락(奈落)으로 떨어지게 되므로 있는 힘을 다하여 끌어내어 닦고 맑히고 밝히자는 것이다.

### 7) 和頌

曲木粗鏈牛鼻穿　곡목조연우비천
鐵桿革帶犢臀鞭　철간혁대독둔편
渾身血汗堅繩執　혼신혈한견승집
業海屢潛死力牽　업해누잠사력견

굽어진 나무와 굵은 쇠사슬로 소의 코를 뚫고
쇠몽둥이와 가죽 띠로 송아지의 볼기를 때리네
온 몸으로 피땀 흘리면서도 굳게 고삐를 붙잡고
업의 바다로 자꾸 잠기려 하니 죽을 힘으로 끄네.

둥글게 꼬부라진 나무 가지와 굵고 튼튼한 쇠사슬로 소의 코를 꿰어야 한다. 소가 보통 억센 게 아니어서 풀을 이용하여 만든 끈은 금방 끊어지고 만다. 또 매를 때릴 때도 가는 나뭇가지로는 안 된다. 쇠몽둥이나 가죽 띠로 볼기를 사정없이 내리쳐야 말을 듣는다.

이러기로 할진댄 혼신의 힘을 다하고 또 피땀을 흘리면서라도 한번 잡은 고삐를 절대로 놓지 않아야 한다. 마치 내가 무명의 깊은 업 바다에 자꾸 빠져들어 갈 경우 누군가가 힘을 다하여 끌어내야 겨우 따라 올라올 수 있는 것처럼 검은 나의 마음 소를 무슨 방법으로든지 붙들어 매어 길을 들이는데 힘을 쏟아야만 앞으로 바른 길을 걷게 될 것이다.

# 3. 따름을 받아들이다

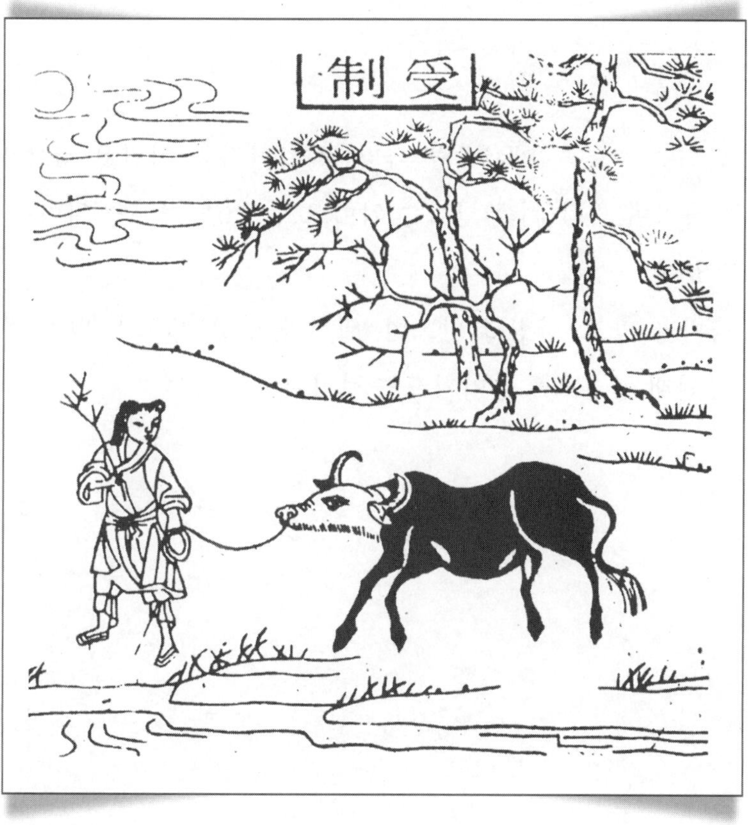

## 3. 受制 : 따름을 받아들이다

제(制)란 속박(束縛)이라는 의미요 금(禁)한다는 의미며 제재(制裁)한다는 의미요 법도(法度)라는 의미를 가지고 있다.

즉 속박을 받고, 금함을 받으며, 제재를 받고, 법도를 받아 본래 마음, 원래 성품으로 돌아가자는 것이다.

1) 原文 및 解譯

| | |
|---|---|
| 漸調漸伏息奔馳 | 점조점복식분치 |
| 渡水穿雲步步隨 | 도수천운보보수 |
| 手把芒繩無少緩 | 수파망승무소완 |
| 牧童終日自忘疲 | 목동종일자망피 |

점점 골라져서 엎드려 달리고 달아남 쉬고
물을 건너고 구름을 뚫어 걸음걸음 따르네
손으로 고삐 줄잡고 조금도 늦추지 않으니
목동은 해지도록 스스로 피곤함도 잊었구나.

2) 句節풀이

1] 漸調漸伏息奔馳

조금씩 골라지고 엎드릴 줄을 안다. 따라서 사방팔방으로 뛰고 달림이 쉬어진다. 마치 높은 파도가 일어나 산을 삼키고 집을 무너뜨릴 것 같지만 바람이 그치면 방금 잠잠해지는 것과 같은 현상이다.

### 2] 渡水穿雲步步隨

도수천운(渡水穿雲)이란 보명선사(普明禪師)의 깊은 뜻이 실려 있다. 즉 물(水)이란 인간 세상의 고해(苦海)를 상징하고 구름(雲)이란 현상계(現象界)를 대표하여 소가 고해의 물을 건너려고 할 때 현상계의 미운(迷雲)이 가려서 앞으로 나아가기가 어렵다고 본 것이다.

그러나 공부심을 가지고 자신을 다스림으로서 한발 한발 저 미지의 세계를 향하여 걸어가게 된다.

### 3] 手把芒繩無少緩

한 단계 올라감을 형용한 것이다. 즉 고삐를 꽉 움켜쥐어 손목이 끊어지고 힘이 빠질지라도 긴장하며 절대로 놓지 않아야 한다.

만일 여기에서 놓아버리면 반미치광이가 되고 다시 더욱 방종(放縱)하여 정말로 걷잡을 수 없게 된다.

### 4] 牧童終日自忘疲

한편으로 소가 목동의 제재를 받고 있으므로 조금 마음을 놓아 즐거움의 여유를 누리고 있다. 즉 구도(求道)에 적극성을 발휘하여 공부를 하려는 마음을 내고 있다. 그러니 스스로 소를 몰던 피곤함이 소가 조금 말을 듣고 있다는 외형(外形)에 의하여 내면의 피곤함이 저절로 조금씩 가셔져 간다.

### 3) 漢字풀이

1] 漸(점점 점);점점. 차차. 차츰 나아가다.

2] 伏(엎드릴 복);엎드리다. 굴복하다. 숨다.

3] 息(쉴 식);쉬다. 한번 쉬는 동안.

4] 馳(달릴 치);달려가다. 질주하다. 마음이 그 곳으로 달려가다. 방자하다. 제멋대로 하다.

5] 渡(건널 도);건너다. 지나가다. 물을 건너다.

6] 水(물 수);물. 홍수. 물의 범람.

7] 隨(따를 수);따르다. 따라가 수행하다.

8] 手(손 수);손. 도움이 될 힘이나 행위.

9] 把(잡을 파);잡다. 한 손으로 쥐다.

10] 無(없을 무);없다. 말라. 금지의 말.

11] 少(적을 소);적다. 약간. 조금. 적다고 여기다.

12] 緩(느릴 완);느리다. 느슨하다. 늦추다.

13] 終(마칠 종. 끝날 종);끝나다. 다되다. 마치다. 마침내.

14] 日(해 일);해. 태양. 햇살. 해의 움직임.

15] 自(스스로 자);스스로. 저절로. 몸소. 자연히. 자기.

16] 忘(잊을 망);잊다. 다하다. 끝나다.

17] 疲(지칠 피);피곤할 피. -지치다. 피곤하다. 힘이 없다. 병들고 괴로워하다.

4) 單語 및 熟語

1] 漸調(점조);조금씩 조금씩 골라진다. 다시 말하면 서로 간에 조화(調和)가 이루어진다. 또는 서로서로 아귀가 맞아진다.

2] 漸伏(점복);조금씩 조금씩 엎드릴 줄 안다. 다시 말하면 정당한 일에 대하여 반항하지 않고 복종하고 따를 줄을 안다.

3] 奔馳(분치);빨리 달림. 즉 사정없이 뛰고 달아나서 제재하고 붙잡기가 대단히 어렵다.

4] 渡水(도수);물을 건넌다. 특히 사람들이 부딪쳐 살아가는 세상을 고해(苦海)라 하는데 이 고해를 잘 헤쳐 나가는 것을 말 한다.

5] 穿雲(천운);구름을 뚫는다. 다시 말하면 구름이란 현실 곧 현상계를 잘 처리하여 어떠한 역경(逆境)이나 난경(難境)이 닥치더라도 무리 없이 해결하여 나아감을 말한다.

6] 步步隨(보보수);걸음걸음 따른다는 의미로, 한 발 떼면 한 발을 따르고 두 발 떼면 두 발을 따라서 어긋나거나 곁으로 삐져나감이 없이 순응한다.

7] 無少緩(무소완);조금도 늦추지 않는다. 아직도 고삐를 놓아 줄 수가 없어서 더욱 고삐를 옭아매어 단단하게 붙잡고 긴장을 하며 놓아 주지 않는다.

8] 牧童(목동);마소를 치는 아이. 소나 양을 모는 사람. 마소에 풀을 뜯기는 아이.

9] 終日(종일);하루 낮 동안. 또는 해가 떠서 해가 질 때까지.

10] 自忘疲(자망피);스스로 피곤함을 잊는다. 저절로 피곤함이 잊어진다. 즉 비록 소의 고삐는 잡고 있다 할지라도 조금씩 조금씩 따라오고 말을 들음으로 피곤함이 저절로 사라진다.

### 5) 정전의 무시선법

무시선법에 "마음이 차차 조숙(早熟)되어 마음을 마음대로 하는 지경에 이른다.(到心次熟 用心如意)"고 하였다.

사람을 놓고 볼 때 인격의 성숙(成熟)이 이루어지기란 많은 세월을 두고 도야(陶冶)를 하여야 한다. 즉 육신의 건장(健壯)함도 사람이 되어가는 한 부분이 되겠지만 그 보다는 마음의 성장이 인격을 이루어가는 기본이 된다고 할 수 있다.

그러나 그 마음이 처음부터 성숙되어 가지고 세상에 나왔으면 도야니 수련(修練)이니 하는 수고로움이 필요가 없겠지만 대개는 그렇게 가꾸어지지 않은 마음을 가지고 와서 쓰고 있으므로 소를 길들이듯이 하지 않으면 성숙한 인격을 소유하기가 대단히 어렵다고 보아야 한다.

### 6) 解義

사람의 성정(性情)이란 다듬어야 한다. 거친 나무를 잘라다가 때로는 톱으로 자르고, 때로는 끌로 파며, 때로는 대패로 미는 등, 여러 가지 과정을 거쳐야 장롱도 짜고, 집도 지으며, 배도 만들고, 거문고도 만들 수 있다. 또 거친 돌을 자르고 쪼고 갈아야 반질반질한 돌이 되어 비석도 되고 수석(壽石)도 되며 건축자재로 사용할 수 있다. 이것은 하나의 거친 나무, 하나의 거친 돌을 용도에 맞추어서 잘 다듬었고 문질렀기에 아름다운 작품으로서 고격(高格)과 아낌을 받게 되는 것이다.

이와 같이 우리의 성정도 처음부터 아름답게 가지고 나왔고 아름답게 활용한다면 갈고 닦을 필요가 없이 순수(純粹)하련만 어쩐지 어설픈 구석이 있으므로 적당한 제재를 통하여 다시 조련(調練)을 하여야 한다. 이것이 바로 사방팔방으로 뛰고 달리는 송아지를 잡아매어 물리적으로 제재의 수단을 사용하여 길이 든 소로 변모를 시키는 과정과 같다고 할 수 있다.

다시 말하면 우리가 흔히 투우(鬪牛)를 보고 경마(競馬)를 본다. 서양에서 이루어지는 투우를 보면 야생(野生)의 야성(野性) 그대로 살려 사람이 그 소에 대적하는 과정이라면 우리 나라에서는 소와 소의 싸움으로 그 소가 싸움을 잘하기까지 이면에서는 얼마나 많은 공을 들이는 줄 모른다. 인삼(人蔘)도 먹이고, 한약도 먹이며, 일도 시키지 않고, 달리기도 하는 등, 상당한 공력을 쏟아서 건장한 싸움소로 길러 낸다.

또 경주마(競走馬)도 마찬가지이다. 그 말이 넓은 운동장에서 뛰기까지는 얼마나 많은 조련(調練)을 거쳤는지 모른다. 때로는 달래기도 하고, 때로는 때리기도 하였으며, 때로는 약도 먹이고,

때로는 놀리기도 하는 등, 많은 공력을 들여서 한 마리의 경주마로 재탄생을 시킨 것이다.

이렇게 볼 때 처음부터 '길이 잘 들여진 소, 잘 갖추어진 말, 싸움을 잘 하는 소, 달리기를 잘 하는 말' 이라면 무슨 어려움이 있겠는가. 어딘가 모르게 덜 다듬어지고, 덜 갖추어져서 어설픈 면이 있고 서투른 구석이 있기에 조련이라는 제재의 과정을 두어 투우로 경주마로 끌어 올려 값진 말, 값진 소로 만들어 내는 것이다.

이와 같이 우리의 성정이나 마음도 순수(純粹)의 진면(眞面)을 그대로 가졌다면 제재의 수단인 수행의 과정이 필요 없이 불보살의 인품을 갖추련만 업장이나 무명이나 망상에 사로잡히고 얽혀서 생을 바꾸어가며 오늘에 이르렀기 때문에 거친 마성(魔性)이나 못된 악성(惡性)이나 습인(習因)의 무명(無明)을 제거하기 위해서는 수련의 고된 노정(路程)을 거치지 않을 수 없는 것이다.

여기에서 비로소 흰 소, 즉 백우(白牛)가 될 수 있는 희망(希望: 希願)의 싹이 보였다. 이 희망의 싹을 다시는 놓치지 않으려고 목동이 아직은 제재를 가하여 고삐를 꽉 움켜쥐고는 있지만 얼굴에는 웃음이 감돌고 약간의 여유도 생겼다. 이는 소가 조금씩 따르기 때문이다. 산으로 가면 산으로 따르고, 들로 가면 들로 따르며, 구름을 뚫으면 반항 없이 따르고, 물을 건너면 묵묵히 따라주어서 저절로 피곤함이 가시고 여유가 생겨서 주관적(主觀的)인 마음이 객관적(客觀的)인 소를 조금 바라볼 수 있는 단계가 된 것이다.

7) 和頌

| | |
|---|---|
| 放轡孩牛四陌馳 | 방비해우사맥치 |
| 牧童穿鼻引純隨 | 목동천비인순수 |
| 盡情彼遠希峰望 | 진정피원희봉망 |
| 死力櫓船忘重疲 | 사력노선망중피 |

고삐를 놓친 어린 소 사방 언덕 달리지만
목동이 코를 뚫어 이끄니 순순히 따라오네
한껏 저 멀리 희망의 봉우리를 바라보기에
죽을 힘으로 배를 저어 거듭된 피곤 잊었네.

소를 끄는 데는 코를 뚫는 것이 최선의 방법이다. 소가 코만 뚫려 있으면 삼척동자가 끌어도 따라온다. 아무리 사나운 송아지라고 할지라도 아픔에는 견디기 어렵다.

이와 같이 수행하는 사람도 어떤 목표와 희망을 가지고 그 곳에 도달할 수 있다는 의지가 굳다면 죽을 힘을 다하여 배를 저을 것이요, 어떠한 고난이 닥치고 피곤이 엄습을 한다고 할지라도 저 멀리 희망봉이 바라보인다면 모두 잊게 될 것이다.

# 4. 머리를 돌리다

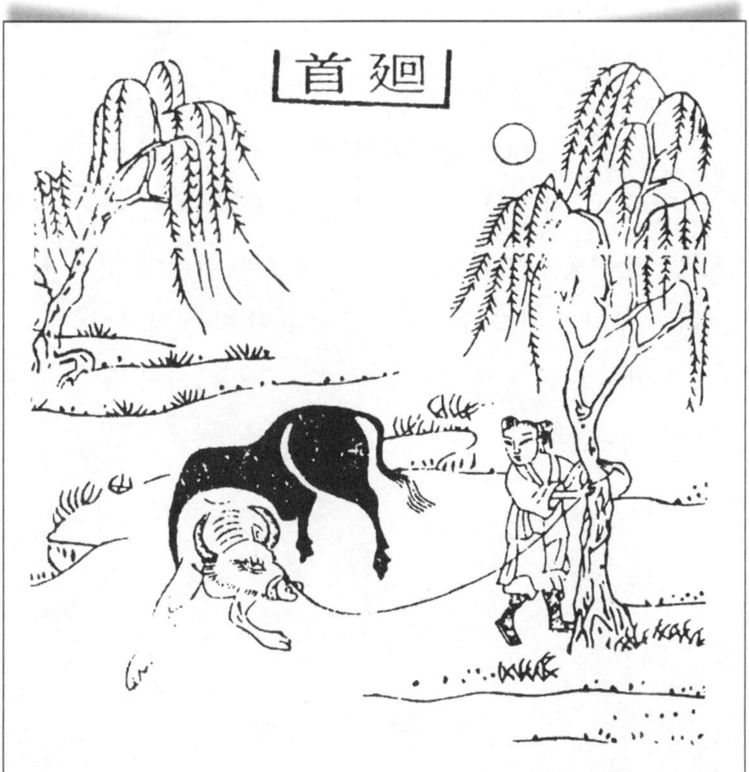

## 4. 廻首:머리를 돌리다

수(首)란 '머리'라는 의미요 회(廻)란 '돌린다.'는 뜻이다. 사람이 처음으로 세상에 나오는 것이 머리이다.(人之初生曰首). 또한 누가 나를 부르면 머리가 먼저 돌아간다. 그래서 머리가 시작이요 먼저며 근본이 되는 것이다.
그러므로 머리를 어느 방향으로 돌리느냐에 따라서 두 길로 갈림이 다르게 된다.

1) 原文 및 解譯

日久功深始轉頭　일구공심시전두
顚狂心力漸調柔　전광심력점조유
山童未肯全相許　산동미긍전상허
猶把芒繩且繫留　유파망승차계유

날이 오래고 공력 깊어 비로소 머리를 돌리니
넘어지고 미친 심력이 점점 골라져서 부드럽네
산동은 온전히 다스려 허여를 즐기지 아니하고
오히려 고삐를 잡고 또한 매어서 머물도록 하네.

2) 句節풀이

1] 日久功深始轉頭

시간의 흐름과 적공의 힘에 의하여 머리를 돌리기 시작하였다. 즉 악의 방향이 아니라 선으로, 미혹(迷惑)의 방향이 아니라 깨달음으로, 어둠의 방향이 아니라 밝음으로, 어리석은 방향이 아니라 슬기로움 등등으로 머리를 돌리고 달릴 준비가 완전히 되었다.

2] 顚狂心力漸調柔

미쳐서 쏘아 다니는 마음의 힘이 조금씩 골라지고 부드러워졌다. 미친 마음이 가라앉는다. 즉 굽힐 줄을 안다. 맞서지 않는다. 따를 줄을 안다. 주인을 보면 꼬리를 흔들며 멀리서 달려 올 줄도 안다.

3] 山童未肯全相許

만일에 아이가 위험한 곳으로 간다면 그 부모의 마음은 어떠할까? 아마 폐간(肺肝)이 녹아 없어지는 기분을 느끼게 될 것이다. 이와 같이 산동 즉 목동도 미숙한 소를 다 놓을 수가 없다. 항상 뒤를 따르면서 어느 방향으로 가는가를 살필 것이다.

4] 猶把芒繩且繫留

그래서 아직도 곁에 두고 본다. 즉 고삐를 단단히 잡고 가능하면 뛰어다니지 않도록 얽어매며, 길이 완전히 들 때까지 곁에 머물도록 하여 미쳐 날뛰며 사방으로 쏘다니는 습성이 제거되도록 제재를 가한다.

### 3) 漢字풀이

1] 首(머리 수);머리. 먼저. 시초(始初). 앞.

2] 久(오랠 구);오래다. 변하지 아니하다. 오래 기다리다.

3] 功(공 공);공. 공로. 공을 자랑하다.

4] 深(깊을 심);깊다. 깊게 하다.

5] 始(처음 시. 비로소 시);처음. 시작하다. 근본. 근원. 비롯하다.

6] 轉(구를 전);구르다. 회전하다. 굴러 옮기다.

7] 顚(미칠 전. 넘어질 전);정신이 이상하다. 넘어지다. 거꾸러지다.

8] 狂(미칠 광);미치다. 사리분별을 못하다. 상규(常規)를 벗어나다. 경솔하다.

9] 心(마음 심);마음. 심장. 가슴.

10] 柔(부드러울 유);부드럽다. 성질이 화평하고 순하다. 복종하다.

11] 肯(즐기어할 긍);수긍하다. 들어 주다.

12] 全(온전할 전);온전히. 완전하다. 완전히.

13] 相(다스릴 상);통치하다.

14] 許(허락할 허);허락하다. 받아들이다. 맡기다. 승인하다.

15] 且(또 차);또. 잠깐. 장차.

16] 繫(맬 계);매다. 매달다.

17] 留(머무를 유);머무르다. 기다리다. 변하지 아니하다.

#### 4) 單語 및 熟語풀이

1] 日久(일구);시간이 오래 걸리다. 날이 오래 되다. 많은 세월을

지내다.

2] 功深(공심);어떤 일에 대하여 공력을 들임이 깊어지다.

3] 轉頭(전두);머리를 돌리다. 향하여야 할 방향으로 머리를 돌리다. 좋은 방향으로 머리를 틀어서 나아가려 한다.

4] 顚狂(전광);미침. 정신이 이상함. 제 정신을 차릴 수가 없다. 실진(失眞)이 됨.

5] 心力(심력);마음의 힘. 마음의 작용. 또는 정신과 체력(體力). 마음과 근육(筋肉).

6] 調柔(조유);골라지고 부드럽다. 성질이 화평하고 순하여 복종한다. 내면이 잘 골라지면 밖으로 부드럽게 나타난다.

7] 未肯(미긍);즐겨하지 않는다. 수긍하지 않는다. 상대방의 요구에 대하여 들어 주지 않는다. 고개를 끄덕여 긍정하지 않는다.

8] 繫留(계유);매어 머물게 한다. 꼼짝할 수 없도록 잡아맨다. 아직은 놓아 줄 수 없으므로 꽉 잡아서 꼼짝 못하게 한다.

### 5) 정전의 무시선법

무시선법에 "경계를 대할 때마다 공부할 때가 돌아온 것을 염두에 잊지 말고 항상 끌리고 안 끌리는 대중만 잡아 갈지니라.(對境功夫 牽否執中)"

대중 즉 중심(中心)이 잡히지 않으면 넘어진다. 예를 든다면 오뚝이를 아무리 넘어뜨려도 다시 일어설 수 있는 것은 중심이 받침되어 있기 때문이다. 경계라는 것은 외부의 현상(現象)이다. 어쩌면 내부와 아무런 상관이 없다. 즉 마음과 현상이 무슨 관련이 있을 것인가. 공연히 외부의 현상을 안으로 끌어드려서 이러쿵저러쿵 하므로 집착이 생기고 시비가 생기고 이해가 생겨 얽히고 맺혀 풀 수 없는 지경에 이르게 되는 것이다.

그러므로 중심을 잘 건사하고 있는 사람은 아자아 경자경(我自我境自境) 즉 '나는 어디까지나 나요 경계는 어디까지나 경계일 뿐' 으로 별스런 연관이 없다.

그러니 공부하는 사람은 모든 경계를 대할 때마다 공부할 때가 도래(到來)함을 잊지 말고 다만 끌리는가 안 끌리는가를 대중한다면 어떤 경계에도 끌려가는 상황은 극복될 수 있을 것이다.

### 6) 解義

달마대사(達摩大師)의 법문에
"밖으로 모든 인연이 쉬어지고
안 마음에 헐떡거림 없어야 하네
마음이 막히고 벽 같이 되어야
가히 도에 들 수 있으리라."
(外息諸緣 內心無喘 心如障壁 可以入道)

결국 외경(外境)에 끌려가지 않고 안으로 마음의 기멸(起滅)이 없어야 한다. 일차적으로 바깥의 모든 경계가 단절이 되어 잡아

당겨지지 않아야 하고 안으로는 마음이 헐레벌떡거려 제자리를 떠나지 않아야 한다.

다음으로 안에서 일어나는 모든 망념(妄念)이 단근(斷根)이 되어야 하고 자소(自消)가 되어 수천만근의 철구(鐵球) 같은 지정(至定)이 되어야 진리의 문이 열릴 수 있는 것이다.

다시 말하면 닦여지지 않은 마음이 망연(妄緣)의 힘을 내어 미친 짓거리를 하는 것이 마치 소가 길이 들지 않고 날뛰는 것과 다름이 없으므로 그 소를 붙잡아 달래고 복종시키며 회유하여 안정의 문안에 들도록 하여야 한다.

그러기로 할진대 아직은 고삐를 놓치지 않아야 한다. 집방자재(執放自在)가 아니라 반대로 목을 얽어매고 무릎을 꿇려 함부로 뛰어다니지 못하도록 경계를 강화하여 감시하여야 한다.

마음의 소가 제재를 받음으로 인하여 머리를 돌렸다. 즉 길이 들어간다는 말이다. 스스로 갈 곳과 아니 갈 곳, 할 일과 아니할 일, 앉을 곳과 누울 곳 등, 행동거지(行動擧止)가 어느 정도 골라져서 선(善)을 지향(指向)하여 악(惡)으로 흐르지 않고, 청(淸)을 지향하여 염(染)으로 흐르지 않으며, 명(明)을 지향하여 혹(惑)으로 흐르지 않고, 탈(脫)을 지향하여 업(業)으로 흐르지 않으며. 혜(慧)를 지향하여 치(癡)로 흐르지 않는다.

특히 계율(戒律)을 중(重)하게 여길 줄 안다. 계율로 자신을 묶어서 무엇에든지 범계(犯戒)가 될 것 같으면 아예 멀리하고 피하여 청행(淸行)이 되고 정동(淨動)이 되려고 무척 신경을 쓴다. 그리하여 계율을 지켜 하루를 살지언정 계율에 위배되어 열흘을 살려고 아니하는 각오를 가질 정도가 되었으므로 회두(廻頭)할 줄을 알았다고 하는 것이다.

또한 자기의 원형(原型)을 찾으려 한다. 즉 자기의 본래 성품이 도둑을 맞고, 오래도록 방치(放置)하여 어디에 있는 줄도 몰랐는데 머리를 돌려서 자기의 본 모습을 보고 또 가까이 다가가 접근하여 원래의 근원으로 돌아가려고 한다.

여기가 바로 자유(自由)와 부자유(不自由), 해탈(解脫)과 속박(束縛), 진취(進就)와 주저(躊躇), 불보살(佛菩薩)과 중생(衆生) 등, 갈림길이다. 여기를 뛰어 넘으면 자유요 해탈이며 진취요 불보살이 될 길을 가는 것이요, 만일 뛰어 넘지 못하면 부자유요 소박이며 주저요 중생으로 고초를 겪으며 살아가야 한다.

그러므로 우리는 항상 칼날 위에 서서 걸어가는 것과 같은 심경을 가져서 한 발만 잘못 디디면 심연(深淵)의 나락(奈落)으로 빠질 것이요 한 발만 잘 디디면 극락(極樂)으로 비등(飛騰)할 것이다.

7) 和頌

篤實修行轉頑豆　독실수행전완두
狂驚愚躍少和柔　광경우약소화유
然餘病症雖難到　연여병증수난도
盡力無休不外留　진력무휴불외유

돈독하고 실다운 수행으로 완악한 머리 돌리고
미쳐 놀라고 어리석어 날뜀이 조금 누그러졌네
그러나 병증이 남아 비록 어려움이 닥칠지라도
힘을 다하여 쉬지 않으면 밖에는 머물지 않으리.

머리를 조금 돌리기 시작한다. 그것도 겨우 억지로 돌린다. 이는 돈독하고 실답게 옆도 돌아보지 않고 깊은 수행을 한 결과에 의하여 조금 누그러져서 그러한 것이지 자연적인 것은 절대로 아니다.

그러므로 조금만 방심(放心)을 한다거나 고삐를 늦추면 원래 습성으로 돌아가 미치고 놀라고 어리석고 완악(頑惡)하여 다병(多病)을 갖게 되고 만다. 그러니 더욱 힘을 다하여 쉬거나 해찰함이 없이 다그쳐야 조금 돌린 머리를 외양간 바깥으로 마음을 빼앗기지 않고 안에서 길을 들일 수 있다.

# 5. 길이 제법 들어서 엎드릴 줄을 안다

## 5. 馴伏 : 길이 제법 들어서 엎드릴 줄을 안다

순(馴)이란 순복(順伏)한다는 의미로 '순종하는 것이 순이다.(順從者皆曰馴)' 또 '조금씩 이르는 것이 순이다.(由漸而至曰馴)'라는 뜻이다. 또 복이란 '은폐(隱蔽)한다. 복세(伏勢)한다. 나타나지 않는다(不見)'는 의미를 가지고 있다. 다시 말하면 개가 주인을 따르고 말을 잘 듣듯이, 소도 목동을 따르고 그 말에 복종하여 제법 길이 들었음을 의미한다.

### 1) 原文 및 解譯

綠楊陰下古溪邊　녹양음하고계변
放去收來得自然　방거수래득자연
日暮碧雲芳草地　일모벽운방초지
牧童歸去不須牽　목동귀거불수견

푸르른 버들 그늘 아래 옛 시냇가에
놓아 가든 거둬 오든 저절로 그러누나
해 저물고 푸른 구름 낀 향기로운 땅
목동은 돌아가며 굳이 이끌지 않더라.

### 2) 句節풀이

#### 1] 綠楊陰下古溪邊

녹양음하(綠陽陰下)란 색계(色界) 즉 현상계(現象界)를 비유한 것이고, 고계변(古溪邊)은 공계(空界) 곧 텅 빈 세계를 비유한 것이다.

다시 말하면 도를 닦고 선(禪)을 익힌 사람은 이미 마음을 밝히고 성품을 보았으므로 색계가 되었든 공계가 되었든 별 지장을 받지 않고 자유스럽다는 의미이다.

2] 放去收來得自然

거래(去來) 간에 자유스럽다. 즉 가든지 오든지, 움직이든지 고요하든지, 일이 있든지 없든지 상관할 것이 없이 여유가 생기고 자재를 누린다.

다시 말하면 인위(人爲)를 가하지 않고 저절로 그렇게 되어진다.

3] 日暮碧雲芳草地

해가 저물고 운하(雲霞)가 낀 석양, 아름다운 꽃들이 피어 향내를 풍기는 땅, 곧 곡식이 여문 논과 밭을 소가 혼자서 걸어가지만 곡식에 해를 입힘이 없이 걸음걸음이 자유롭다.

4] 牧童歸去不須牽

굳이 끌 필요가 없다. 억압할 필요가 없다. 잡아맬 필요가 없다. 알아서 가고 알아서 멈추고 알아서 놀고 알아서 일을 하니 무슨 고삐가 필요하고 이끎이 필요하랴! 즉 놓아두어도 해를 끼치지 않는다면 굳이 앞장서서 끌고 갈 필요가 없다.

### 3) 漢字풀이

1] 綠(초록빛 록. 푸를 록);초록 빛. 푸르다.

2] 楊(버들 양);버들. 버드나무.

3] 陰(그늘 음. 응달 음);그늘. 응달. 습기. 축축함.

4] 下(아래 하);아래. 아래 사람. 뒤.

5] 古(옛 고);옛. 오래다.

6] 邊(가 변);가. 가장자리. 근처.

7] 放(놓을 방);놓다. 내치다. 추방하다. 좇아내다.

8] 去(갈 거);가다. 떠나다.

9] 收(거둘 수);거두다. 거두어 들여 정제(整齊)하다.

10] 然(그러할 연);그러하다. 그렇다고 여기다. 그리하여.

11] 暮(저물 모);저물다. 해질 무렵. 저녁. 밤.

12] 碧(푸를 벽);푸르다. 푸른 옥돌.

13] 芳(꽃다울 방);꽃답다. 향기. 명성(名聲). 좋은 냄새. 향기 풀.

14] 草(풀 초);풀. 초원(草原). 거친 풀. 잡초.

15] 地(땅 지);땅. 처지. 처해 있는 형편.

16] 歸(돌아갈 귀);돌아가다. 돌아오다. 돌려보내다.

17] 不(아닐 불);아니다. 말라(금지의 의미)

18] 須(모름지기 수);모름지기. 마땅히.

### 4) 單語 및 熟語풀이

1] 綠楊陰下(녹양음하);색계(色界) 곧 현상계(現象界)의 비유로 나타난 세계를 말한다. 능히 볼 수 있고, 능히 잡을 수 있으며, 능히 들을 수 있는 모든 세계를 의미한다.

2] 古溪邊(고계변);공계(空界) 즉 텅 빈 세계를 비유한 말로 허

공법계(虛空法界)를 말한다. 즉 보고 듣고 잡을 수 없는 텅 비어 버린 세계를 말한다.

3] 放去收來(방거수래);마음대로 가고 마음대로 온다. 즉 오고 가는데 걸림이 없이 자유롭게 행동하여도 불편을 주는 일이 없다.

4] 自然(자연);1> 스스로 그러한 것. 저절로 그렇게 되어지는 상태.

2> 사람의 힘을 더하지 않은 천연 그대로의 상태.

3> 무궁한 진리의 물질적 표현으로서 우리의 경험 대상의 전체.

4> 사람과 물질의 고유성(固有性) 혹은 본연성(本然性).

5> 인류 이외에 있는 외계의 온갖 물질.

5] 日暮(일모);해가 저묾. 석양. 저녁이 되어 감.

6] 碧雲(벽운);푸른 구름. 아름다운 구름. 구름이 아름답게 펼쳐 있는 모양을 말한다.

7] 芳草(방초);향기로운 풀. 좋은 냄새를 풍기는 풀. 향기가 나는 화초류(花草類).

8] 歸去(귀거);돌아가다. 모든 것을 놓아버리고 돌아감. 여기에서 있었던 모든 일을 다 놓아버리고 다른 곳으로 돌아가다.

### 5} 정전의 무시선법

무시선법에 "마음을 마음대로 하는 건수가 차차 늘어가는 거동이 있은즉 시시로 평소에 심히 좋아하고 싫어하는 경계에 놓아

맡겨보라.(心意多件 時任好惡)" 하였다.

결국 마음이 들어서 외부의 경계를 조정한다. 반대로 외부의 경계에 의하여 마음이 조정을 받아서는 안 되고 어디까지나 마음이 주관이 되어 외부의 경계를 운용하여야 한다.

다시 말하면 마음의 개폐(開閉)와 은현(隱顯)과 출입(出入)을 따라 경계의 용불용(用不用)이 따라와야지 경계의 용불용에 의하여 마음의 개폐와 은현과 출입이 되어서는 안 된다.

그러나 내면의 마음이 분명 내 마음이지만 업연(業緣)에 구속을 받고 무명에 덮이며 미혹에 빠져서 마음대로 하기가 대단히 어렵다. 더욱이 끊임없이 일났다 사라지는 미세(微細)한 사념(思念)들, 망념(妄念)들이 얼마나 많은가. 따라서 마음은 나타나고 보여 지지 않기 때문에 숨을 곳이 많아서 어느 구석엔가 박혀 있으면 찾기 어렵고 또한 자기에게 이롭지 않으면 절대로 자기의 모습을 나투지 않기 때문이다.

그러므로 내면의 마음을 밖으로 내어 처음엔 오처(惡處)의 경계에 놓아서 자유스러워야 하고, 다음으로 호처(好處)의 경계에 놓아도 자재(自在)할 수가 있어야 한다. 즉 평소에 대단히 싫어하였거나 심히 좋아하였던 경계에 맡겨서 흔들리거나 구김이 없는가를 대조하여야 한다.

### 6) 解義

여기에서 비로소 길이 든 소가 자기의 삶 즉 자기만의 세계를 펼치고 있다. 채찍이 필요가 없고 고삐가 필요가 없다. 종전에 소를 잡아두고 매어두기 위하여 사용하였던 온갖 도구들이 필요가 없는 경지에 이른 것이다. 그렇다고 완전한 백우(白牛)가 되었다는 것은 아니다. 아직도 검은 모습이 있지만 말을 알아듣고 시키는 대로 따르며 적어도 홀로 놓아 두어도 스스로 말썽은 부리지 않는 지경에까지 도달한 것이다.

다시 말하면 도심(道心)이나 선심(善心)이나 양심(良心)이나 천리(天理)가 주체가 되어 못된 모든 마음 곧 인심(人心)이나 악심(惡心)을 부릴 수 있는 단계에 이르렀기 때문에 매어둘 필요가 없이 풀어 놓아도 해를 끼치지 않는 경지에 도달한 것이다.

그렇지만 노파심에서 완전한 자유를 보장할 수가 없어서 때로 끌어 보기도 하고, 때로 놓아 두어도 보며, 때로 앞서 가기도 하고, 때로 숨어서 관찰하지만 소의 행동거지(行動擧止)가 조금도 흐트러짐이 없이 정로(正路)를 정보(正步)로 가고 있다.

어떤 누구의 도움을 받지 않고도 제 길을 찾아서 뚜벅뚜벅 걸어가고 있는 것이니 이 지경이 되면 기초적인 수행은 끝마쳤다고 보아야 한다.

사실 사람이 이 세상에 나와 살면서 진리를 알든 모르든, 종교를 믿든 안 믿든, 성현을 따르든 안 따르든 간에 세상에서 가장 자유스럽고, 더 나아가 우주에서 가장 자재(自在)를 누리며 살고자 함이 모든 사람의 꿈일 것이다.

다시 말하면 현실의 세계에서는 돈이 있는 사람은 돈이 없는 사람에 비하여 돈을 씀이 훨씬 자유로울 것이요, 권력이 있는 사람은 권력이 없는 사람에 비하여 권력을 누림이 훨씬 자유로울 것이며, 자동차가 있는 사람은 자동차가 없는 사람에 비하여 타고 다니기가 훨씬 자유로울 것이다. 따라서 여타 모든 면에서 없는 것보다는 있는 사람이 훨씬 자유롭고, 못 가진 사람보다는 가진 사람이 훨씬 자유를 만끽하면서 자신의 인생을 엮어 갈 것이다.

이 순복(馴伏)이 자유와 자재를 얻을 수 있는 시작이라고 보아야 한다. 즉 자기를 둘러쌓고 있는 모든 것으로부터 해탈(解脫)을 얻어가는 시초라고 보아야 한다. 무명(無明)이든 업장(業障)이든 망념(妄念)이든 상(相)이든 간에 설령 무애자재(無礙自在)는 되지 않는다고 할지라도 자신을 옭아매는 것이 무엇인지를 분명히 알고, 거기에 대처하는 방법도 분명히 알며, 한눈팔지 않고 벗어나는 길을 알아 그 첫걸음을 옮기고 있는 것이다.

그러므로 여기에서 시작하여 앞으로 펼쳐지는 세계는 희망이 실현되는 전로(前路)가 될 것이요 저 진리를 향하여 발을 옮기는 초보(初步)가 될 것이다.

이 이 순복(馴伏)의 경우 제일 경계하여야 할 공부거리가 있다.

바로 중근(中根)의 고개를 넘기는 일이다. 즉 중근기(中根機)의 병증(病症)을 잘 치료하여 넘어가는 것이다.

그렇다면 먼저 중근기란 어떤 근기인가?

첫째, 마음공부를 하는데 있어서, 자세히 아는 것도 없고 또한 모르지도 아니하여 항상 의심을 풀지 못하고 법과 스승을 저울질하는 근기를 말한다. 자칫 법을 가벼이 알고 스승을 업신여기기 쉬우며 모든 일에 철저한 발원과 독실한 성의(誠意)가 없어 공부에 성공을 보기 어려운 근기이다.

둘째, 상근기(上根機)보다는 낮고 하근기(下根機)보다는 높은 보통의 근기. 특별히 뛰어나지도 특별히 모자라지도 않는 보통사람의 근기이다.

셋째, 중근병(中根病)에 걸리기 쉬운 근기. 공부하는 사람은 몇 번이나 중근병에 걸리기 쉬운 고비를 맞게 되는데 이 중근병을 극복하지 못하면 큰 공부를 이루기 어렵다.

다음으로 중근기의 병증이란 무엇인가. 이 중근병에 대해서 원불교 교서인 대종경(大宗經) 부촉품(咐囑品)에 자세히 밝혀 있으므로 인거하여 보면

첫째, 공부에 권태증(倦怠症)이 생기는 것이니, 이 증세는 일체가 괴롭기만 하고 지리한 생각이 나서 어떤 때에는 그 생각과 말이 세속 사람보다 오히려 못할 때가 있는 것이요,

둘째, 확실히 깨치지는 못했으나 순전히 모르지도 아니하여 때때로 말을 하거나 글을 쓰면 여러 사람이 감탄하여 환영하므로

제 위에는 사람이 없는 것같이 생각되어 제가 저를 믿고 제 허물을 용서하며 윗 스승을 함부로 비판하며 법과 진리에 호의(狐疑)를 가져서 자기 뜻에 고집하는 것이니, 이 증세는 자칫하면 그 동안의 적공이 허사로 돌아가 결국 영겁대사를 크게 그르치기 쉬우므로, 과거 불조(佛祖)들도 이 호의불신증(狐疑不信症)을 가장 두렵게 경계하신 것이다.

역시 대종경(大宗經) 부촉품(咐囑品)에서 이 중근을 벗어나는 방법을 제시하였으니 인거하여 보면

첫째, 법 있는 스승에게 마음을 가림 없이 바치는 것이요,

둘째, 서원(誓願)을 자주 반조(返照)하는 것이며

셋째, 중근의 말로(末路)가 위태함을 자주 반성하는 것이다.

우리 수행하는 사람은 '중근을 알고, 그 병증을 알고, 그 치료법' 까지 알았으니, 이를 잘 실현하면 불지(佛地)에 달음질 하는 것이 비행기 탄 격이 될 것이다.

### 7) 和頌

青松碧竹繞屛邊　청송벽죽요병변
放轡下肱心快然　방비하굉심쾌연
去去來來干涉摺　거거래래간섭접
牛從正路硬無牽　우종정로경무견

푸른 솔과 푸른 대를 병풍으로 둘러친 가에
고삐 놓고 팔을 내렸어도 마음은 쾌활하네
가면 가고 오면 와서 간섭하기를 접은지라
소가 바른 길을 따르니 굳이 이끌 게 없네.

따른다. 길이 더 잘 들었다. 순종할 줄을 안다. 반항하지 않는다. 즉 매화가 익듯이 익었다. 자신의 내면을 돌아보고 지난날에 대하여 조금 후회하면서 눈물을 흘린다. 이제는 불간섭(不干涉)이다. 스스로 알아서 한다. 가게 생겼으면 맘대로 가고 오게 생겼으면 맘대로 와서 목동의 잔소리나 고삐가 없어도 바른 길, 즉 바른 공부 길을 잡고 나아간다. 이제는 안심이다. 어느 곳에 놓아도 지탄(指彈)은 받지 않는다. 마음이 기쁘다. 날고 싶다. 저 허공을…….

진짜 공부는 이제부터다. 여기에서 잘하고 못함에 따라 불보살로 거듭나느냐 아니면 지해(知解)를 가진 고급 중생으로 남느냐의 갈림길이다.

# 6. 걸리거나 거리낌이 없다

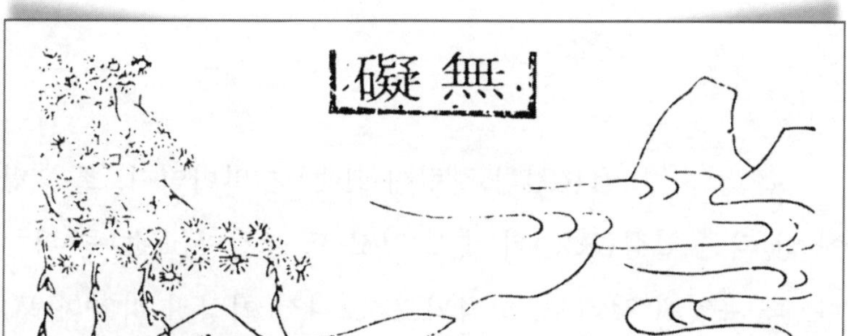

## 6. 無礙 : 걸리거나 거리낌이 없다

애(礙)란 걸린다(挂也)는 의미이다. 또 그만큼 밖에 안 되는 한정(限定)의 뜻도 있고 또 그친다(止也)는 의미도 있다. 즉 무엇에 걸리고, 한정되고, 그쳐서 이상의 비약(飛躍)을 이루지 못하고 잡아 매이는 끌이 됨을 말한다.

그러나 공부가 여기에 이르러 비로소 계박(繫縛)의 범위(範圍)로부터 벗어나 저 허공에 걸림 없이 비상(飛翔)을 하게 된다.

그러므로 참 무애는 "자기가 자기에게 걸림이 없어야 한다."(夫眞無礙者 自己-無礙於自己也)

1) 原文 및 解譯

| | |
|---|---|
| 露地安眠意自如 | 노지안면의자여 |
| 不勞鞭策永無拘 | 불로편책영무구 |
| 山童穩坐青松下 | 산동온좌청송하 |
| 一曲昇平樂有餘 | 일곡승평락유여 |

맨땅 위에 잠자지만 마음은 저절로 여여하고
채찍을 휘두르지 않아도 길이 걸림이 없어라
산동은 푸른 솔 우거진 아래 편안히 앉아서
한 곡조 승평곡에 이보다 더 즐거움 없어라.

2) 句節풀이

1] 露地安眠意自如

낮은 곳이든 높은 곳이든 편안하지 않은 곳이 없다.(處下處高無非安) 있든 없든 여여 하지 않음이 없다.(有也無也無非如) 좋든 싫든 한결같지 않음이 없다.(好也惡也無非一) 등등. 어찌 되었든 걸리고 막힘이 없이 여상(如常)하여 잠을 자든 일을 하든 마음은 항상 한결같을 뿐이다.

2] 不勞鞭策永無拘

소를 다룰 채찍과 고삐를 영원히 버리고 다시 사용할 필요가 없게 되었다. 즉 채찍이나 고삐로 지시하는 단계를 지나 자율적으로 움직일 수 있으므로 다시 쓸 필요가 없다.

다시 말하면 걸리고 막힘이 없는데 무슨 예방(豫防)이나 계인(繫引)이 필요하겠는가.

3] 山童穩坐靑松下

행주좌와(行住坐臥)와 어묵동정(語默動靜) 간에 자유와 자재를 얻었으니 무얼 더 바라겠는가.

그러므로 푸른 소나무 낙락(落落)한 그 아래 앉아서 실컷 잠이나 자련다.

4] 一曲昇平樂有餘

이 즐거움은 남에 의하여 이루어진 게 아니라 안에서 익어 터진 즐거움으로 이게 지락(至樂)이요 진락(眞樂)이며 실락(實樂)이요 심락(心樂)이라, 역시 이 이상 무슨 즐거움을 더 바라겠는가.

그러하니 소나무 밑에서 좋아하는 젓대나 실컷 불다가 지치면 그대로 기대 앉아 잠을 잘 뿐이다.

3) 漢字풀이

1] 礙(거리낄 애);거리끼다. 한정하다. 가로막다. 가로막히다.

2] 露(드러날 로. 나타날 로);숨긴 일이 알려지다. 밖으로 보이다.

3] 安(편안할 안);편안하다. 즐기다. 좋아하다.

4] 眠(잠잘 면);잠자다. 조수(鳥獸)가 쉬다. 시들다.

5] 意(뜻 의);뜻. 생각하다. 마음. 의식(意識).

6] 如(같을 여);같다. 같게 하다. 따르다.

7] 勞(수고로울 로. 일할 로);일하다. 수고롭다. 노력하다. 힘쓰다.

8] 策(채찍 책);채찍. 지팡이. 채찍질하다.

9] 永(길 영);길다. 오래다. 공간적으로 길다.

10] 拘(잡을 구. 매일 구);잡다. 매이다. 구애받다. 체포되다.

11] 穩(평온할 온);평온하다.

12] 坐(앉을 좌);앉다. 아무 일도 하지 않고서. 무릎 꿇다.

13] 靑(푸를 청);푸르다. 푸른 빛.

14] 松(소나무 송);소나무.

15] 曲(가락 곡);곡조.

16] 昇(오를 승);오르다. 해가 떠오르다. 높은 지위에 오르다.

17] 平(편안할 평);편안하다. 다스리다. 바르다. 곧다.

18] 樂(즐거울 락);즐겁다. 즐기다.

19] 餘(남을 여);남다. 넉넉하다. 여유가 있다.

### 4) 單語 및 熟語풀이

1] 露地(노지);

1〉 지면(地面). 지상(地上).

2〉 건물 사이의 좁은 길.

3〉 문안 또는 정원의 길.

4〉 넓은 평지의 뜻.

5〉 법화경(法華經)에서 번뇌를 초월한 경지에 비유함.

2] 安眠(안면);

1〉 편안하게 잘 잠. 꿈도 없이 숙면하다. 꿈속에서 나타날 대상이 없어서 눕기만 하면 편안하게 잠을 잔다.

2〉 마음이 가라앉아 있다. 호수에 물결이 일지 않는 것처럼 마음에 동요(動搖)나 기멸(起滅)이 없다.

3] 意自如(의자여);

1〉 마음(생각 · 뜻)이 한결같아 굴곡없이 여상(如常)하다.

2〉 마음에 번뇌 망상이 가라앉아 일지 않으므로 항상 여여한 마음을 유지한다.

4] 不勞(불로);어떤 일을 처리하는데 힘들이지 아니하여도 저절로 되어 진다.

5] 鞭策(편책);채찍. 채찍질을 하다.

6] 無拘(무구);걸림이 없다. 매이거나 구속됨이 없이 자유롭다.

7] 穩坐(온좌);편안한 앉음. 일체의 거리낌이 없어 평안한 모습.

아무렇게나 앉아 있어도 편안할 뿐이다.

8] 靑松(청송);푸른 소나무. 사시사철 푸름을 간직하고 있는 솔.

9] 一曲昇平(일곡승평);일곡이란 음악의 한 곡조요, 승평이란 태평한 세상을 말한다. 즉 정치가 잘 이루어지고 도덕을 숭상하여 산에는 도적이 없고 길에는 흘린 물건을 줍지 않는 태평성대(太平聖代)를 한 곡조의 음악에 실어서 구가(謳歌)하면 온 천하가 저절로 따라서 노래하게 됨을 말한다.

10] 樂有餘(낙유여);즐거움이 남음이 있다. 즐거움이 여유가 있다. 괴로움은 없고 즐거움만 있다. 이보다 더하는 즐거움은 찾아볼 수가 없다.

### 5) 정전의 무시선법

부시선법에 "마음이 여전히 동하면 이는 도심이 미숙한 것이요 동하지 아니하면 이는 도심이 익어가는 증거인 줄로 알라.(心動道未 不動道熟)" 하였다.

도심(道心)이란 도를 안 마음이요, 도로 길이 든 마음이며, 도가 갖추어진 마음이요, 도의 절도(節度)에 맞는 마음이다. 이러한 마음을 가지면 세상의 경계를 대하여 끌린다거나 동하는 것이 없으련만 어딘가 모르게 마심(魔心)이 숨어 있어서 고개를 내어밀므로 동정 간에 마음의 동향을 살피지 않을 수 없는 것이다. 어찌되었든 경계에 동하면 미숙한 도심이요 부동(不動)하며 성숙한 도심으로 표준을 삼아 정진하여야 한다.

다시 말하면 걸림이 없는 도심을 장양(長養)하여 무애(無礙)가 되도록 하자는 것이다.

### 6) 解義

무애(無礙)란 걸림이 없고 매임이 없으며 꺼리거나 막힘이 없다는 뜻이다. 즉 무엇에든지 막히거나 꺼림이 없고 걸림도 매임도 없다는 의미이다.

다시 말하면 소와 목동의 사이가 걸리고 막힘이 없다. 소는 소대로 쉬고 목동은 목동대로 노래를 부른다. 또 소가 목동에게 부담이 되지 않고 목동이 소에게 간섭이 없다. 곧 인우무구(人牛無拘)요 우인무기(牛人無忌)이다.

또한 무엇이 걸림이 없다는 말인가. 이는 다름이 아니다. 육근(六根;眼耳鼻舌身意)이 육진(六塵;色聲香味觸法)에 출입(出入)하되 매이고 걸리고 막히고 꺼림이 없다는 의미이다. 즉 우리의 심신(六根)이 경계(六塵)를 대하여 걸리고 막힘이 없는 행동의 자유를 가지게 된다는 것이다.

백아절현(伯牙絕絃)이라는 고사가 있다. 백아는 거문고를 잘 탔고, 그의 친구인 종자기(鐘子期)는 연주를 잘 알아들었다. 그리하여 둘이 만나 거문고를 뜯고 노래하며 즐거워했다. 그러다 종자기가 먼저 세상을 떠나게 됐다. 이에 상심한 백아는 종자기가 잠든 묘지에 가서 거문고를 한바탕 타고 그 자리에서 거문고를 부수고 다시는 손을 대지 않았다. 이를 본 사람들이 의아하게 생각하여 백아에게 물었을 때 백아는 지음(知音)을 하고 지락(知樂)을 할 줄 아는 사람은 오직 종자기뿐이었는데 지금은 알아 주는 사람도 없고 즐기는 사람도 없으니 어찌 거문고를 타리요 하였다.

즉 음악을 연주하는 사람과 듣는 사람이 하나가 되어 걸림이 없고 매임이 없이 서로 통심통의(通心通意)가 되었는데 지금 종자기가 죽고 없으니 누구를 위하여 거문고를 탄단 말인가.

옛 글에 '飮酒食肉이 無妨般若요 行盜行淫이 不害菩提라(음주식육이 무방반야요 행도행음이 불해보리라)' 하였다. 즉 '술과 고기를 먹어도 반야인 지혜에는 방해가 되지 않고, 도둑질이나 음탕한 짓을 하여도 보리인 깨달음에는 해가 되지 않는다.' 는 뜻이다.

옳은 말씀이다. 진리를 확연히 깨달아 무애한 도인에게는 옳은 말이요 옳은 행동이 되겠지만 어설프게 알고, 또 설익었는데 이러한 행동을 한다면 사람들에게 식상(食傷)을 줄 뿐만 아니라 결국 죄악을 장만하고 또한 나락(奈落:地獄)의 늪으로 빠져들어 나올 기약이 까마득하게 멀어질 것이기 때문이다.

분명 목동은 노지에 앉아서 젓대를 들고 승평곡조(昇平曲調)를 연주한다. 그만큼 한가로워져서 여가를 즐기는 것이다. 그런데 그 아래는 소가 한가롭게 누워 승평곡조를 듣고 웃음을 짓는다. 이제는 소가 검은 가죽을 완전히 다 벗지는 못하였어도 승평일곡(昇平一曲)을 감상할 여유를 가졌으니 무엇이 크게 걸릴 게 있겠는가. 꺼릴 것도 막힐 것도 없는 무애에 거의 다가서고 있다.

이 무애(無礙)의 과정을 깨달음을 이룬 뒤에 보림(保任)을 하는 과정이라고 볼 수 있다. 즉 일의 시비이해(是非利害)나 이치의 대소유무(大小有無)를 확연히 알고 또 불생불멸(不生不滅)과 인과보응(因果報應)의 이치를 확연히 깨달았다. 그리하여 목동도 목동으로서의 지위를 완전히 알았고, 또 흰 소도 자신이 자기의 주인으로서 행세를 하기 위하여 공력을 들이고 있다.

보림 공부한 예를 들어 보자.

귀종화상(歸宗和尙)에게 어떤 스님이 부처가 무어냐고 물었을 때 바로 너 자신이라고 하는지라 여기에서 깨달음을 얻게 되었다. 그렇다면 보림 공부를 어떻게 하느냐고 물었을 때 "一翳在眼空華亂墜(일예재안 공화란추)"라 하였다. 즉 '티끌 하나라도 눈 속에 들어가면 저 허공에서 번개 같은 꽃이 어지럽게 떨어진다.'는 의미이다.

다시 말하면 청정한 마음에 티끌 같은 망념(妄念)이 하나 일어나면 그 티끌 같은 망념에 의하여 마음이 요란(擾亂)하고 어리석어지는 것이니 그 진념(塵念)을 소마(消磨)시키고 청정한 자성, 곧 청정한 마음 하나 잘 보존하는 것이 바로 보림 공부인 것이다.

또 마조도일선사(馬祖道一禪師)의 문정에 대매법상선사(大梅法

常禪師)가 있었다. 마조에게 무엇이 부처냐고 물었을 때 "卽心卽佛(마음이 바로 부처다)"의 말씀에 깨달음이 생겨 대매산(大梅山)으로 들어가 보림 공부를 열심히 하고 있는데 하루는 마조가 시자를 시켜 "非心非佛(마음도 아니요 부처도 아니다)"이라 일러 주라 하였다. 이 말을 들은 법상은 그 스승을 버럭버럭 소리를 지르며 욕을 하는지라 심부름을 갔던 시자가 마조에게 사실을 고하니 마조는 웃음을 지으며 대중을 불러 모아 놓고 "大梅熟矣(큰 매화가 잘 익었다)"라 하여 인가를 내렸다.

깨달은 사람은 속일 수 없다. 또 속임을 당하지도 않는다. "卽心卽佛"에 확신이 생긴 깨달음인데 무슨 "非心非佛"이란 말인가. 환영(幻影)이요 마설(魔說)이며 객담(客談)에 불과한 것이다.

이렇게 일의 시비이해나 이치의 대소유무나 불생불멸이나 인과보응은 물론이지만 부처에게도 걸리지 않고 조사에게도 걸리지 않는다. 곧 "逢佛殺佛(봉불살불:부처를 만나면 부처를 죽인다)" 하고 "逢祖殺祖(봉조살조:조사를 만나면 조사도 죽인다)"하는 것이다.

고기가 물속을 헤엄치지만 물에 걸리지 않고, 새가 하늘을 날지만 허공에 걸리지 않는다.(魚游水中 無礙於水 鳥飛虛天 無礙於空)

이와 같이 우리가 비록 티끌 세상에 처했지만 새처럼 고기처럼 일과 이치, 무명업장, 생사거래 등에 걸리고 막힘이 없이 살아가자는 것이다.(如此吾等 雖處塵世 如鳥似魚 於事與理 無明業障 生

事去來等 無礙無隔而活之也)

7) 和頌

滌業眞心本自如　　척업진심본자여
不縈諸境少無拘　　불영제경소무구
頓醒理體保任後　　돈성이체보림후
始得乾坤脫圈餘　　시득건곤탈권여

업장이 씻긴 참 마음 본래 저절로 여여하고
모든 경계 매이지 않아 조금도 구속이 없네
단번에 진리 체성 깨쳤을지라도 보림한 뒤에
비로소 하늘 땅에 우리를 벗어난 여유 언으리.

아무리 오래 입어 더러운 옷이라 할지라도 빨면 깨끗해진다. 또 아무리 몇 천 년 어두운 방이라도 불을 켜면 밝아진다. 이와 같이 우리는 다생을 거래하면서 알고도 짓고 모르고도 지었으며, 의식적으로도 짓고 무의식적으로도 지었으며, 직접적으로도 짓고 간접적으로도 지었던 모든 업장들이 마음을 덮고 감싸고 있다.

그러므로 어둠이 쌓이고 걸림이 있게 된다. 그렇지만 끊임없는 수련을 통하여 때를 씻어내고 어둠을 몰아내면 일시에 밝아지고 맑아진다. 따라서 마음이 밝아지고 맑아지면 모든 경계를 요리할 힘이 생기므로 조금도 구애됨이 없다.

또한 참 마음은 바로 진리의 본원을 깨침에서 발현되는 것이다. 경우에 따라서 깨침과 동시에 제업(諸業)이 세척(洗滌)되는 근기도 있겠지만 대개는 보림(保任)이라는 과정을 거쳐서 경계를 벗어나고, 자신을 벗어나고, 천지(天地:宇宙)의 틀까지도 벗어날 수 있는 힘을 갖추게 되는 것이다.

# 7. 제멋대로 운용을 하여도 다 맞아진다

## 7. 任運 : 제멋대로 운용을 하여도 다 맞아진다.

임(任)이란 내 맘대로 하고 내 능력대로 한다는 의미요 운(運)이란 내 뜻대로 구르고 내 하고 싶은 대로 한다는 의미이다. 이렇게 하여도 특별히 상도(常度)나 상규(常規)에 어긋남이 없이 다 맞아진다.

1) 原文 및 解譯

柳岸春波夕照中　유안춘파석조중
淡烟芳草綠茸茸　담연방초녹용용
饑飡喝飮隨時過　기손갈음수시과
石上山童睡正濃　석상산동수정롱

버들 언덕 봄 물결에 석양이 비치는 가운데
맑은 노을 향기로운 풀 푸르러 어우러졌네
배고프고 목마르면 내키는 대로 먹고 마시니
돌 위 산동은 졸음 쏟아짐을 이기지 못하누나.

2) 句節풀이

1] 柳岸春波夕照中

무한한 대지가 무한하게 펼쳐지고, 무한한 법계(法界)가 무한하게 벌려 있다. 이 가운데 언덕의 버들잎과 봄빛에 출렁이는 물결이 조화를 이루어 묘상(妙相)을 연출하는 아름다운 현실의 세계를 눈여겨 볼 줄 알아야 한다.

2] 淡烟芳草綠茸茸

우주 안의 두두 물물(頭頭物物)이 진리의 현상 아님이 없다. 즉 삼라만상(森羅萬象)이 모두 진리의 모습대로 나타나서 조금도 넘치거나 모자람이 없이 구족한 상모(相貌)를 가지고 끼리끼리 어울려 이체(理體)의 조화를 현현(顯現)하고 있다.

3] 饑飡喝飲隨時過

배고프면 밥을 먹어 주린 배를 채우고, 목마르면 물을 마셔 갈증이 해소되도록 한다. 즉 일상(日常)이 우주 질서의 묘행(妙行)이요 묘행이 우주 질서의 일상이다.

그러므로 서로 연결이 되어 먹고 마시는 데에 우주의 질서는 작용을 멈추지 않는 것이다.

4] 石上山童睡正濃

돌 위에 목동이 할 일이 없다. 소는 이미 희어져서 제멋대로 오가고 자재하니 무엇이 할 일이 있겠는가. 오직 할 일이란 잠자는 일 뿐이다. 그래서 앉으면 졸고 졸음이 깊어지면 법계(法界)와 하나가 되어 이체(理體)에 빠져 공리(空裏)로 들어가 버린다.

### 3) 漢字풀이

1] 任(맡을 임);맡기다. 마음대로 하다.

2] 運(돌 운);돌다. 회전하다. 길. 천체의 궤도. 돌리다.

3] 柳(버들 유);버드나무. 버드나무의 총칭.

4] 岸(언덕 안); 언덕. 기슭.

5] 春(봄 춘);봄. 젊은 때.

6] 波(물결 파);물결. 물결이 일어나다. 파도가 일어나다.

7] 夕(저녁 석);저녁. 밤.

8] 照(비출 조);비치다. 비추다. 햇빛.

9] 中(가운데 중);가운데. 마음. 치우치지 아니하다.

10] 淡(맑을 담);맑다. 담박하다.

11] 烟(연기 연);연기. 연기가 끼다.

12] 茸(무성할 용);무성하다. 흐트러지다.

13] 饑(주릴 기);주리다. 굶주리다. 기근.

14] 飡(저녁밥 손);저녁밥. 짓다. 먹다.

15] 渴(목마를 갈);목이 마르다. 갈증.

16] 飮(마실 음);마시다. 음료.

17] 時(때 시);때. 때맞추다. 때를 어기지 아니하다.

18] 過(지날 과);지나다. 초월하다. 지나치다.

19] 石(돌 석);돌. 돌로 만든 악기. 비석.

20] 上(윗 상);위. 하늘. 임금.

21] 睡(잘 수);자다. 잠.

22] 正(진짜 정);진짜의. 순전한. 마침. 마침 잘되다.

23] 濃(무르녹을 농 · 짙은 농);무르녹다. 두텁다. 짙다. 색이 진

하다.

4) 單語 및 熟語풀이

1] 柳岸(유안);버들가지가 휘늘어진 언덕. 즉 버들가지에 어린잎이 나와 마치 문발처럼 늘어져 바람에 춤을 추는 아름다운 언덕. 곧 진리가 모습을 보인 현상을 말한다.

2] 春波(춘파);봄 물결. 즉 봄에 잔잔한 바람이 호수위에 불면 그 물결이 은파(銀波)가 되어 햇빛에 반사된 아름다운 물결. 곧 진리가 모습을 보인 현상을 말한다.

3] 夕照(석조);해질녘 노을이 비치는 저녁.

4] 淡烟(담연);맑은 연기. 산의 허리를 두르고 있는 아름다운 운무(雲霧).

5] 茸茸(용용);풀잎들이 무성하게 우거진 모양. 즉 풀들이 서로 어우러져 무성하게 자라나는 모습. 현상과 본체, 인간과 만물 등, 서로 어울려 이체(理體)의 어우러짐을 나타내고 있다.

6] 饑飡喝飮(기손갈음);배가 고프면 밥을 먹어 그 줄인 창자를 채우고. 목이 마르면 흐르는 물을 마셔 갈증을 해소한다. 일상(日常)이 바로 우주의 질서(秩序)를 나타내고 있다.

7] 石上(석상);돌 위. 사람이 앉아서 쉴 수 있는 널찍한 마당 같은 돌. 암반(巖盤). 할 일이 없는 목동이 앉아서 조는 좌수처(坐睡處).

8] 睡正濃(수정농);잠에 취해 떨어진 것. 누가 업어 가도 모를

정도로 졸음에 취하여 천지 분간을 못하고 잠을 자는 것으로 무사(無事)한 도인의 일상사를 말한다. 이는 할 일이 없어진 목동이 할 수 있는 최대의 일이다.

### 5) 정전의 무시선법

무시선법에 "마음이 동하지 아니한다 하여 즉시에 방심은 하지 말라.(心爲不動 卽不放心)" 하였다.

마음이 동하지 않는다는 것은 마음의 원래 빈 자리, 곧 공(空)한 자리를 여의지 아니하고 모든 경계를 수용하므로 경계에 의하여 마음이 동요될 일이 없고, 또한 사념(思念)이나 망상(妄想)이 모두 가라앉아 부기(浮起)하지 않으므로 마음이 동요(動搖)할 필요가 없는 것이다.

그러나 이러한 마음을 가졌다고 할지라도 출입(出入)과 기멸(起滅)을 자주 하다 보면 경계에 휘말리고 진애(塵埃)가 묻혀져서 부동(浮動)될 수 있으므로 안으로 더욱 근원심(根源心)을 지켜 마음을 놓지 않는 불방심(不放心) 공부를 철저히 하여야 한다.

그리하여 경계에 자재를 얻어 임운등등(任運騰騰)이 되자는 것이다. 다시 말하면 본래 마음의 부동처(不動處)에 재근(栽根)하여 운용(運用)을 할 뿐이지 부동(不動)한 마음을 고집하고 또는 잡아다가 어디에 두거나 축적하여 고물(古物)을 만들지 말자는 것이다.

### 6) 解義

"虛舟駕浪 隨高隨下 澗滴溪流 隨曲隨直(허주가랑 수고수하 간적계류 수곡수직)"이다. 즉 '짐을 실치 않은 빈 배를 바닷가에 매어두면 바다물의 높낮이를 따라 높아졌다 낮아졌다 하고, 산골에서 흐르는 한 방울 물이 시내를 따라 굽으면 굽게 흐르고 곧으면 곧게 흐른다.' 는 의미이다.

다시 말하면 일체사(一切事) 일체처(一切處)에 순응(順應)할 줄을 안다는 것이다. 순응이란 자기를 세운다거나 주견(主見)을 가지면 절대로 순응이 안 된다. 오직 무아무견(無我無見)이라야 동화(同和)의 순응이 되는 것이다.

이와 같이 걸림이 없는데(無礙) 바탕을 하여 임운(任運)할 줄 아는 사람은 상대를 따른다. 즉 상대를 거역하지 않고 순수하게 받아드려 요리할 줄을 아는 것이다.

그래서 만맥(蠻貊)에 가면 만맥의 풍습을 따르고 제후국(諸侯國)에 가면 그 곳의 풍기(風紀)를 따라 매이고 거리낌이 없는 삶을 나투는 것이다.

다시 말하자면 공부를 다 마친 사람은 지어서 하지 않고(無作爲), 지어서 행하지 않으며(無作行), 지어서 말하지 않고(無作言), 지어서 마음을 쓰지 않는다,(無作心). 오직 자연 그대로, 천연 그대로 하지만 모든 일들이 걸림이 없이 임의(任意)대로 운용이 되어 우주 질서에 위배됨이 없는 것이다.

중국의 고대 국가에서 정치를 잘한 임금을 말하라면 당연히 요순(堯舜)을 들 수 있다. 이들의 정치는 하는 정치가 아니라 하지 않는 정치(非爲治而非爲之治), 힘쓰는 정치가 아니라 저절로 되어지는 정치(非力治而自行之治), 사람이 하는 정치가 아니라 하늘이 하는 정치(非人治而皇天之治)를 하였기에 수공(垂拱)하고 앉아만 있었다.

하루는 요임금이 하도 무료하여 들판으로 나갔다. 50여살 쯤 되는 한 노인이 길을 가면서 격양가(擊壤歌)를 불렀다. 이를 구경하던 사람들이 임금이 정치를 잘 하여 길을 가거나 농사를 지으며 고된 줄도 모르고 노래를 부르니 정말 임금의 덕이 대단하다고 찬탄하였다.

이러한 말을 들은 그 노인은

'나는 해가 뜨면 일하고 해가 지면 들어가 쉬며, 샘을 파서 물을 마시고 논밭을 갈아서 먹고 사는데 임금이 나에게 무슨 힘(임금의 덕화)이 미치겠는가.' (有五十老人 擊壤於道 觀者歎曰 '大哉 帝之德也' 老人曰 '吾日出而作 日入而息 鑿井而飮 耕田而食 帝何力於我哉' )라 하였다.

이것이 인치(人治)가 아닌 천치(天治)요 인정(人政)이 아닌 천정(天政)의 결과이다. 잘 다스려지는 나라는 정치하는 사람의 이름이 묻혀서 왜 이렇게 우리가 잘 살고 있는가를 모르고, 잘못 다스려지는 나라는 정치하는 사람의 얼굴이 드러나고 집단적 이익에 눈이 가려 맹목적인 추종이 따르게 되어 개미의 군단(群團)이 이동하는 것처럼 함께 이리저리 몰려다니다가 또한 함께 몰락의 구덩이로 들어가게 되는 것이다.

이 노인처럼 내가 먹고 사는 것이 내가 그렇게 하여 되고 내가 노력하여 되는 것이지 천지도, 임금도, 정치도 그 가운데 개입(介入)이 될 필요가 없고, 덕화가 미쳤느니 은혜가 입혔느니 하는 수식이 필요가 없이 자연과 동화되어 살아갈 뿐이다.

옛 사람이 말하였다. '배고프면 밥 먹을 줄 알고 피곤하면 잠잘 줄 안다. 쌀을 운반하고 나무를 나르는 것이 저절로 그렇게 되어진다.(饑知喫飯睡知眠 運米擔柴出自然)' 고 하였다.

저 천지를 보라! 또 자연을 보라! 무엇을 하는가. 하는 게 아무것도 없다. 하며는 자연이 아니요 천지가 아니다. 하지 않으므로 자연이요 천지이다.

그렇지만 봄에는 만물을 내고 여름에는 키우며 가을에는 거두고 겨울에는 갈무리를 한다.(春生夏長秋收冬藏) 이것이 천지와 자연이 하는 일이다. 일해 주고 품삯도 받지 아니하고 내 것이라고 몫도 짓지 아니한다. 끊임이 없이 반복하여 그 일을 하지만 조금이라도 티를 내거나 상을 내지 않고 오직 성(誠)으로 할 뿐이다.

이러한 인격을 갖춘 사람이 바로 천인(天人)이요 대인(大人)이요 성인(聖人)이다.

주역(周易) 건괘(乾卦)에 '대인(천인 · 성인)은 하늘땅과 더불어 그 덕을 합하며, 해 · 달과 더불어 그 밝음을 합하며, 네 계절과 더불어 그 차서를 합하며, 귀신과 더불어 그 길과 흉을 합하여 하늘보다 먼저 하여도 하늘이 어기지 아니하고, 하늘보다 뒤에 하여도 하늘이 때를 받들어 주나니 하늘도 어기지 아니하거늘 하물며 사람이며 하물며 귀신이겠는가.(夫大人者 與天地合其德 與日月合其明 與四時合其序 與鬼神合其吉凶 先天而天不違 後天而奉天時 天且不違 而況於人乎 況於鬼神乎)라 하여 유교(儒教)에서 최고의 인격을 이룬 성인을 이렇게 보고 있는 것이다.

또 공자께서도 논어 위정(爲政)에서

'七十而從心所欲不踰矩' (칠십이종심소욕불유구)라 하였다. 즉 '나이 70세 쯤 되어서 마음이 하고 싶은 대로 하여도 법도를 넘지 아니 하였다.' 고 말씀하였다.

다시 말하자면 나이가 70여세가 되어서야 비로소 마음 내키는 대로 무슨 일이든지 하여도 법도에 맞을 뿐 법도를 넘어서는 사항이 벌어지지 않았다. 즉 어떤 사항에 대하여 힘쓰지 아니하여도 맞아지고(不勉而中), 평안한 마음으로 행하면 되어진다.(安而行之)고 하여 힘들이지 아니하고 편안한 마음으로 일을 이루는 성자들의 무애자재(無礙自在)를 보인 것이다.

또한 정전 법위등급(法位等級)의 여래위(如來位) 조항에 '동(動)하여도 분별(分別)에 착(着)이 없고, 정(靜)하여도 분별이 절도(節度)에 맞는다.' 고 하였다. 즉 사람의 삶이 움직일 때 아니면 고요할 때요, 일이 있을 때 아니면 없을 때로 대체로 두 방향에서 삶을 영위하고 있다. 이러한 두 때에 심행(心行)이 다 맞아진다면 무엇을 더 보태어 선심(善心)을 만들고 미행(美行)을 나타내려 하겠는가. 삶 그대로가 진리(眞理)요 법(法)일 때 바로 무애(無礙)의 자재(自在)를 나투는 것이다.

이러한 인품을 가지면 할 일이 무엇이겠는가? 그저 날마다 먹고 잠자는 일 외에 다른 일거리가 없을 것이니 바위 위에 앉아서 조는 저 목동을 보면 알 수 있다. 소는 소가 알아서 하고 목동은 목동이 알아서 하는데 목동이 알아서 하는 그 일이 바로 배고프면 밥 먹고 목마르면 물마시며 졸리면 자는 일 외에 다른 일이 없다.

그러하므로 서로 간섭하거나 잔소리하거나 따지지 않고 마음대로 오갈 뿐이다.

오등회원(五燈會元)에 보면 이러한 이야기가 있다.

원율사(源律師)가 대주해혜선사(大珠海慧禪師)에게 물었다.

'화상께서도 도를 닦을 때 공력을 씁니까?(和尙修道 還用功否)'

선사가 대답을 한다.

'공력을 쓰노라(用功)'

'어떻게 공력을 씁니까?(如何用功)'

'배가 고프면 밥을 먹고 피곤하면 잠을 잔다.(飢來喫飯 困來卽眠)'

'모든 사람들이 다 이와 같이 하는데 스승님처럼 공력을 쓰는 것입니까?(一切人總如是 同師用功否)'

'같지 않다(不同)'

'어찌 같지 않습니까?(何故不同)'

'저 사람들은 밥을 먹을 때에 밥만 먹지 않고 백 가지를 찾으며, 잠을 잘 때에 잠만 자지 않고 천 가지를 계교한다. 그래서 같다고 할 수 없다(他吃飯時不肯吃飯 百種須索 睡時不肯睡 千般計較, 所以不同也)'

보통 우리들이 밥 한 그릇 먹는 시간을 대략적으로 30여분을 잡는다면 이 30여분 동안에 얼마나 많은 경계와 생각에 걸려서 고민하고, 잠 한 번 자면서 얼마나 사량을 하고 계교를 하는가. 즉 불면(不眠)에 시달려 기와집을 지었다 부수었다 하기를 반복하고 있다.

그러나 트여 걸림이 없는 사람은 밥을 먹으면 밥을 먹을 뿐이요, 잠을 자면 잠을 잘 뿐이다. 놀면 놀 뿐이요, 일하면 일할 뿐이다.

7) 和頌

| | |
|---|---|
| 虛舟駕浪仰低中 | 허주가랑앙저중 |
| 忽颯溫風物自茸 | 홀삽온풍물자용 |
| 流水澗溪隨曲直 | 유수간계수곡직 |
| 牛童不攝睡深濃 | 우동불섭수심농 |

빈 배가 물결의 출렁임에 높고 낮음이 맞아지고

홀연히 따뜻한 바람 불어 만물 저절로 무성하네

흐르는 물은 산골 개울에 굽음과 곧음을 따르고

소와 목동 끌어당기지 않고 잠이 깊이 들었구나.

소의 완전한 자유란 고삐가 없는 데서 시작이 된다. 고삐가 없으면 누가 끌어당기지 않는다. 끌림을 당하지 않으면 거래(去來)에 자유롭고 은현(隱顯)에 자재하게 되는 것이 마치 빈 배가 물위에 떠있으면 물결의 높낮이를 따라 배도 함께 높아졌다 낮아졌다 하며, 또 겨울의 추위에 세상이 얼어붙어 만물이 말라비틀어졌지만 따뜻한 바람이 불면 무성하게 돋아나며, 또 저 깊은 골짜기에서 솟은 한 방울 물이 계곡을 따라 흐르되 굽은 곳을 당하면 굽게 흐르고 곧은 곳을 당하면 곧게 흐르며 높은 곳을 당하면 돌아가고 낮은 곳을 당하면 채우고 흘러서 절대로 무리를 하지 않는 것과 같은 것이다.

이러한 때를 당하여 목동은 무엇을 할까? 잠자는 일 외에 특별히 할 일이 없다. 특별히 할 일이 없으므로 잠을 잘 수밖에 없다.

이렇게 잠자는 가운데 모든 상황은 생각하지 않아도 얻어지고(不思而得), 힘쓰지 않아도 이뤄지며(不務而成), 명령하지 않아도 되어지는(不令而爲) 것이다.

相忘

# 8. 서로를 잊었다

## 8. 相忘 : 서로를 잊었다
(원래 모르던 사람, 모르던 소로 돌아갔다)

망(忘)이란 일을 기억하지도 않고(不記事也), 뜻에 두지도 않으며(志不在也), 알지도 못하고(不識也), 앉음도 잊고(坐忘也), 사려도 없다(無思慮也)는 의미이다.
다시 말하면 목동과 소가 완전히 잊어서 기억한다거나 마음을 나눈다거나 생각하는 것이 없이 무관무심(無關無心)함을 말한다.

1) 原文 및 解譯

| | |
|---|---|
| 白牛常在白雲中 | 백우상재백운중 |
| 人自無心牛亦同 | 인자무심우역동 |
| 月透白雲雲影白 | 월투백운운영백 |
| 白雲明月任西東 | 백운명월임서동 |

하얀 소는 항상 하얀 구름 가운데 자재하고
사람은 마음이 없고 소도 또한 마찬가지네
달이 흰 구름 뚫으니 구름 그림자 희어지고
흰 구름 밝은 달 동쪽 서쪽을 임의로 오가네.

2) 句節풀이

1] 白牛常在白雲中

희다는 것은 색채가 없다는 것이다. 흰 구름이 무슨 색채를 가지고 있는가. 저 허공법계가 무슨 색깔을 배경에 깔고 있는가. 이 법계에 합일하면 소가 바로 법계가 되어 버린다.

2] 人自無心牛亦同

따라서 사람도 마찬가지이다. 사람은 마음을 가지고 '사람' 또는 '자기' 라고 규정을 짓는데 사람이 주관적인 자기의 마음이 없이 허공이 되고 법계가 된다면 무엇을 가지고 사람이라 규정할 것인가. 또한 소도 마찬가지이다. 즉 허공법계와 하나가 되어버린다면 소라는 개체가 없이 전체인 소일 수밖에 없을 것이다.

3] 月透白雲雲影白

달이 희어 밝으면 그 발산되는 빛도 희다. 그 흰 빛이 흰 구름을 비추면 구름의 그림자도 자연 흴 수밖에 없을 것이다. 모두가 희면 밝고 맑아서 법계에 가득 차 하나가 되고 한 덩치를 이루게 된다.

4] 白雲明月任西東

흰 구름 밝은 달이 동쪽과 서쪽을 오가는가, 아니면 동서가 흰 구름 밝은 달을 띄워 놓고 동서로 오가는가. 도무지 알 수가 없다. 어찌 되었든 오고감이 없이 오고 가고, 가고 옴이 없이 자재할 뿐이다.

### 3) 漢字풀이

1] 白(흰 백);흰 빛. 희다. 날이 새다.

2] 牛(소 우);소. 견우성(牽牛星).

3] 常(항상 상);항상. 도. 불변의 도. 사람이 행해야 할 도.

4] 在(있을 재);있다. 살피다. 제멋대로 하다.

5] 人(사람 인);사람. 남. 백성. 타인.

6] 亦(또 역);또. 또한. 모두. 크게. 대단히.

7] 同(하낙지 동);한가지. 서로 같게 하다. 같게. 함께. 다같이.

8] 月(달 월);달. 달빛. 광음(光陰).

9] 透(통할 투. 뚫을 투);통하다. 뚫다. 뛰어넘다. 뛰다.

10] 影(그림자 영);그림자. 사람의 모양. 모습. 초상(肖像). 화상.

11] 明(밝을 명);밝다. 밝히다. 환하게.

12] 西(서녘 서);서녘. 서쪽.

13] 東(동녘 동);동녘. 동쪽.

### 4) 單語 및 熟語풀이

1] 白牛(백우);흰 소. 즉 검은 색을 다 벗어버린 하얀 소.

다시 말하면 공부를 많이 하여 무명이나 업장을 다 벗어던지고 청정하고 공적(空寂)한 본성에 합일되어 있음이다.

2] 白雲(백운);흰 구름. 구름에는 검은 구름도 있고(黑雲) 푸른 구름도 있다.(碧雲) 그러나 흰 구름은 없다. 구름이라 하면 형태나 색채가 있을 것이요 형태나 색채가 있으면 검을 수도, 푸를 수도 있기 때문에 흰 구름은 아니다.

3] 無心(무심);마음이 없다. 내면을 엄밀하게 살피면 의식(意識)은 객관적(客觀的)이요 마음은 주관적(主觀的)이다. 그러므로 무

심하다는 것은 객관적인 의식뿐만 아니라 주관적인 마음도 없어서 허공(虛空)이 되고 법계(法界)가 되어 버린 것이다.

4] 雲影白(운영백);세상에 그림자란 모두 검다. 밝으면 그림자가 형성되지 않는다. 그런데 구름의 그림자가 희다 하였다. 즉 검어야할 그림자가 희다는 것은 형태(形態)와 색채를  벗어났거나 아니면 법계와 하나가 되었기 때문이다.

따라서 마음에 사념이나 망상이 녹고 무명이나 업장이 사라져서 그림자가 될 요소가 없기 때문이다.

5] 明月(명월);밝은 달. 우주와 하나가 되어버린 달. 성품의 심연(深淵)에서 솟아 오른 순연(純然)의 달. 진리가 달이 되어 비치는 빛.

6] 任西東(임서동);하고 싶은 대로 하고, 가고 싶은 대로 가며, 놀고 싶은 대로 놀고, 자고 싶은 대로 자되 도무지 걸리거나 막히거나 매임이 없이 임의내왕(任意來往)한다.

### 5) 정전의 무시선법

무시선법에 "이는 심력을 써서 동하지 아니한 것이요 자연히 동하지 않은 것이 아니니 놓아도 동하지 아니하여야 길이 잘든 것이니라.(用力未動 自然不動 放之不動 善爲馴伏)"

사람이 공부를 오래 하였다 할지라도 돈오(頓悟)에 의한 돈수(頓修)가 이루어지지 않으면 미세지뇌(微細之惱), 즉 지미(至微)하고 지세(至細)한 번뇌가 남아 있어서 이를 제거하기 위하여 더욱 공력을 쏟아 털어내고 닦아내야 한다.

다시 말하면 지금까지의 공부는 크든 작든 무엇인가에 의지하여 닦아 가는데 중점을 두고 유위적(有爲的)인 공부를 하였다고 보아야 한다. 그래서 무엇인가 넘어가지 못함이 있고 어쩐지 미련(未練)이 남아 시원한 법열(法悅)과 깊은 심락(心樂)이 솟아나오지 못하다가 여기에 이르러 비로소 놓아도 동하지 않음을 얻게 된 것이다.

즉 아무렇게 던져도, 어디다 놓아도, 제 맘대로 할지라도 부동(不動)을 얻게 되어 무상(無相)의 대공(大功)을 이루게 된 것이다.

### 6) 解義

떠나라. 너와 내가 만나서 이 만큼 동고동락(同苦同樂)하고 파수공행(把手共行)하였으면 됐지 끝까지 함께할 수는 없다. 그러니 이제는 안심하고 서로 헤어져 살고 또 갈 길을 간다고 할지라도 어디에 걸리거나 무엇에 막힘이 없이 제자리에 똑바르게 설 수 있게 되었다.

그러므로 갈라서자. 너는 너의 길을 가고 나는 나의 길로 가서 의연하게 살 뿐 조그만 미련도 가지지 말고 일도양단(一刀兩斷)을 하듯이 나뉘어져 살아야 한다.

목동과 소가 이러한 지경에까지 이르러서 동출동입(同出同入)

할 수는 없다. 이제는 충분한 자력이 서서 누구에 의지하거나 힘을 빌리지 않고도 밝고 맑게 지낼 수가 있는데 굳이 동행할 필요가 없는 것이다.

만일에 이러한 경지까지 이르러 동행을 한다면 동행하는 그것이 큰 걸림이 될 것이요 집착이 되어서 영영 갈라설 수가 없기 때문이다.

그래서 동우상망(童牛相忘)이 되어야 한다. 즉 목동과 소가 서로를 잊고 살아가야 한다. 목동은 더 이상 소를 돌보아 줄 필요가 없고 소도 또한 더 이상 목동에 의지하여 매달릴 필요가 없게 되었다. 서로 독립한 동반(同伴)으로 이 우주에 남겨짐으로써 우주진아(宇宙眞我)·우주진우(宇宙眞牛)로 영원히 함께하여야 한다.

달은 자성(自性)을 말하고 구름은 현상(現象)을 말한다. 만일에 구름이 검고 두꺼우면 달이 가려지지 않으려 하여도 가려지기 마련이요 가려지면 달의 빛은 나타나지 않게 된다.

그러나 달이 아주 밝아버리면 아무리 검은 구름이라도 그 밝은 빛에 의하여 구름 자체가 희어지고 밝아진다. 즉 마음이 밝아버리면 어떤 무명이나 업장이나 상이 가리고 막으려 하여도 막을 수 없고, 오히려 무명이나 업장이나 상들이 녹고 소진하여 맑고 밝은 빛으로 화하게 될 것이다.

그러므로 공부는 사람의 입장에서 생각하여 볼 때 자기가 원초(原初)로부터 간직되어 있는 자성을 얼마만큼 밝히고 다시 어둡지 않고 덮이지 않도록 하느냐에 중점을 두어야 한다.

사실 우리의 자성은 원래 어둠이 없다. 본래 가림도 없다. 그래서 가림을 쳐부수고 닦아 낼 방편(方便)을 세울 필요가 없는 것이다.

때(먼지)가 없다. 본래 때가 붙을 곳이 없다. 그래서 때를 닦을 걸레(振布)를 설정할 필요가 없다.

번뇌가 없다. 본래 번뇌가 일어날 근원이 없다. 그래서 수법(修法)으로 막을 필요가 없다.

공연히 만들어서 어둠이니 때니 번뇌니 하여 야단을 떨지만 그 심원(深源)에는 뇌진(惱塵)이 돈공(頓空)하고 그 저변(底邊)에는 업진(業塵)이 청징(淸澄)한 자성본원과 이체실상(理體實相)이 자리하고 있는 것이다.

자성이 밝으면 우주가 밝고(自性明則宇宙明)
우주가 밝으면 인심이 밝고 (宇宙明則人心明)
인심이 밝으면 세상이 밝다.(人心明則世上明)
이에 세상이 밝아지면(乃明世上)
빛의 천하가 되리라.(照光之天下也)

소여! 소여! 희고 흰 소여!(牛兮 牛兮 皓皓牛兮)
검은 한점 사라지면 흰 것을(消黑一點而即皓)
구름 한점 걷히면 밝은 것을(捲雲一點而即明)

이에 이르면 아무리 검고 어둡게 하려 하여도 검고 어둡지 않으리.(到此毋論欲黑暗而不黥昧也)

아주 희면 검은 게 나오지 않고(至皓不出黑)

밝아 버리면 그림자 생기지 않아(極明不生影)

한번 밝으면 영원히 밝고(一明永遠明)

한번 희면 영겁토록 희리.(一皓永劫皓)

이제는 바로 상을 놓자(只今卽捨相)

무엇에 붙이겠는가(於何有着耶)

무엇에 잡히겠는가(於何有執耶)

무엇에 매이겠는가(於何有繫耶)

무엇에 가리겠는가(於何有蔽耶)

환화를 좇다가 실성을 상실하면(若逐幻化而實性喪之)

너무너무 억울하고 분통이 터지리라.(太太抑鬱而憤痛發作也)

소를 놓아야 참 소가 춤을 추고(捨牛而眞牛舞)

목동을 놓아야 참 목동이 노래하네(捨童而眞童歌)

소와 목동이 서로 손을 잡고(牛與童而相執手)

우주의 뜰에서 한바탕 굿을 이루리라.(於宇宙之庭 一場成跳神也)

옛 글에 "一念不起全體顯(일념불기전체현)"라 하였다. 즉 '한 생각이 일지 않으면 전체에 나타난다.'는 의미이다. 여기에 한 귀를 더 붙인다면 "自性明淸宇宙露(자성명청우주로)"라고 할 수 있을 것이니 곧 '자성이 밝고 맑으면 우주에 드러난다.'는 의미이다.

다시 말하면 나 곧 대아(大我)를 표준으로 놓고 볼 때 나의 한 생각이 움직이지 않으면 허공 법계와 합일이 된 것이요, 나의 자성이 덮이고 묻혀 어둡지 않으면 그대로 우주이니 이렇게 볼 때 전체가 되었든 우주가 되었든 '한 생각 · 자기 본성'을 여의지 않고 나타나고 드러나는 것으로 내 속에 전체와 우주가 들어 있다고 할 수 있고, 따라서 우리가 살아가는 것도 도를 알든 모르든 전체와 우주가 함께 사는 것이요, 그 운행도 전체와 우주가 함께 하는 것이니, 우리의 인생은 결코 소존재(小存在)가 아닌 대존재(大存在)요 소우주(小宇宙)가 아닌 대우주(大宇宙)며 소로현(小露顯)이 아닌 대로현(大露顯)임을 알아서 영겁을 일이관지(一以貫之)하자.

### 7) 和頌

| | |
|---|---|
| 日月無相海嶽中 | 일월무상해악중 |
| 聖賢无我是非同 | 성현무아시비동 |
| 乾坤此世童牛滅 | 건곤차세동우멸 |
| 自在西方與彼東 | 자재서방여피동 |

해와 달은 상이 없으므로 바다든 뫼든 적중하고
성인과 어진인 내가 없으므로 옳고 그름이 같네
하늘 땅 이 세상에 목동과 소가 사라져 버렸으니
서방과 더불어 저 동쪽까지 자유하고 자재한다네.

해와 달은 상이 없다. 밝음으로 우주 허공을 비치고 따뜻함으로 만유를 생성화육(生成化育)하건만 이렇게 한다는 자랑이나 상을 내지 않으며 더 나아가 "내가 기른 것"이라는 관념도 없다. 그리하여 해가 뜨면 달이 지고(杲日越月) 달이 떨어지면 해가 솟아나기를(落月聳日) 쉼이 없이 번갈아 하고 있지만 한번이라도 늦거나 게으름을 피운 적이 없이 중도에 맞추고 시의(時宜)에 꼭 맞추어서 운행을 하고 있다.

성인도 마찬가지이다. 나라는 게 없다. 내가 없으면 시(是)가 되었든 비(非)가 되었든 상관이 없이 똑같다. 내가 있으므로 시비도 생기고 이해(利害)도 생기며 호오(好惡)도 생기고 애증(愛憎)도 생기는 것인데 나라는 흔적이 사라지면 이러한 것들이 어디에도 뿌리를 내릴 수가 없는 것이다.

그러므로 하늘땅은 물론 이 세상에서까지 목동도 사라지고 소도 사라져서 흔적을 찾을 수가 없다. 이렇게 흔적이 없는 한 물건 즉 일물(一物)이 서쪽이 되었든 동쪽이 되었든 상관하지 않고 거래(去來)의 자유를 얻고 해탈(解脫)의 자재를 얻어 사람과 소가 서로 잊어 버렸으니(人牛相忘) 다시 무엇을 짓고 세워 막으려 말라.

獨照

# 9. 홀로 우주에 드러나 널리 비추다

## 9. 獨照 : 홀로 우주에 드러나 널리 비추다

조(照)란 밝음이요(明也) 빛이다(光也). 깨침이요(曉也) 빛남이다(耀也). 이 밝음 이 빛은 독립(獨立)으로 조감(照鑑)한다. 무엇에 의지하고 물리적 기구를 통하여 비치는 게 아니라 홀로 존립(存立)하여 시방(十方)에 조요(照耀)한다.

1) 原文 및 解譯

| | |
|---|---|
| 牛兒無處牧童閑 | 우아무처목동한 |
| 一片孤雲碧嶂間 | 일편고운벽장간 |
| 拍手高歌明月下 | 박수고가명월하 |
| 歸來猶有一重關 | 귀래유유일중관 |

소는 간 곳이 없고 소먹이 아이는 한가하니
한 조각구름 푸르른 산봉우리 사이에 떴네.
밝은 달 아래 박수치고 소리 높여 노래하니
돌아옴에 오히려 한 두꺼운 빗장 남았구나.

2) 句節풀이

1] 牛兒無處牧童閑

옛 시에
'소나무 아래서 동자에게 물으니
스승님은 약을 캐러 가셨다네.
다만 이 산중에 계시련만
구름 깊어 그 곳을 알 수 없네.
(松下問童子 言師採藥去 只在此山中 雲深不知處)' 하였다.

소가 간 곳이 없으니 목동은 한가롭고 또 목동은 찾으려 아니하니 소는 저절로 자유로워라.

2] 一片孤雲碧嶂間

한 조각의 구름이 푸른 산허리를 두르고 있지만 이 구름 속에는 우주가 들어 있고 우주 속의 개개물물(箇箇物物)은 또 우주를 나투어 무궁무진하게 벌려 있다.

3] 拍手高歌明月下

달은 밝은데 목동이 손뼉을 치며 목청을 돋우어 노래를 부른다. 그 노래 소리가 천지에 울리니 온 천지가 좋아라 화답의 노래를 부른다.

4] 歸來猶有一重關

다 된 줄 알고 천하를 돌아 행각(行脚)을 마치고 집으로 돌아오니 무거운 관문(關門)이 육중하게 앞을 가로 막고 있다. 힘으로 물리치려 하여도 끄덕도 않고, 또한 물리적인 방법으로 물리치려 하여도 역시 소용이 없다.

아- 어떻게 하여야 이 무겁고 두꺼운 관문을 통과하여 저 너머에 이를까?

### 3) 漢字풀이

1] 兒(아이 아);아이. 어버이에 대한 아이의 자칭(自稱).

2] 處(곳 처);곳. 장소. 사는 곳. 자리를 차지하고 있다.

3] 閑(한가할 한);한가하다. 무사하다. 일이 없다.

4] 片(조각 편);한쪽. 조각. 납작한 조각.

5] 孤(외로울 고);외롭다. 홀로. 외따로. 고아(孤兒).

6] 嶂(높고 가파른 산 장);높고 가파른 산.

7] 間(사이 간);틈. 사이. 받아들이다.

8] 拍(칠 박);치다. 두드리다. 박자(拍子).

9] 高(높을 고);높다. 높아지다. 뽐내다.

10] 歌(노래 가);노래. 노래하다. 소리를 내어 억양을 붙여 읽다.

11] 重(무거울 중);무게. 무겁다. 무겁게 하다.

12] 關(빗장 관);빗장. 닫다. 잠그다. 기관(機關).

### 4) 單語 및 熟語

1] 牛兒無處(우아무처);소가 머무는 곳이 없다. 소라는 실물 자체도 없고 소가 머물 외양간도 없다. 처음 검은 소에서 완전히 탈색(脫色)이 되어 백우(白牛)가 되었는데 이 지경에 이르러서는 소 자체도 무아(無我)가 되었기에 소도 없고 소가 사는 장소도 없는 것이다.

2] 一片孤雲(일편고운);한 조각 외로운 구름. 저 하늘 높이 뜬 구름 한 조각 속에 이 우주의 조화(造化)가 들어 있어 그 조화를 그대로 나투고 있다.

3] 碧嶂(벽장);푸른 수목이 우거진 높고 가파른 산. 우주 자연의 조화에 의하여 나타난 진리의 참 모습.

4] 拍手(박수);손바닥과 손바닥이 부딪쳐 나오는 소리. 이는 진리에 자신을 얻어 세상을 향하여 소리를 냄으로써 깨우침을 일으키는 것.

5] 高歌(고가);목청을 돋우어 부르는 노래. 곧 뱃속에 진리가 들어 있다가 입을 통하여 나오는 진리의 하모니(harmony).

6] 明月(명월);밝은 달. 곧 청정무구(淸淨無垢)한 자성. 이 자성에서 발현하는 지혜의 광명.

7] 歸來(귀래);돌아가리라. 저 진리의 본원으로 … ….
돌아오리라. 내 자성의 근본으로 … ….

8] 一重關(일중관);아직도 뚫고 넘어야할 관문 하나가 남았다. 이 관문은 내면적으로 자기를 향하여 뚫어야 할 그 어떤(?) 관문이요, 밖으로는 종교와 진리와 이념을 넘어서 세상을 향하고 우주를 향하여 나아갈 계벽(啓闢)의 관문이다.

### 5) 정전의 무시선법

무시선법에 "사람이 만일 오래오래 선을 계속하여 모든 번뇌를

끊고 마음의 자유를 얻은즉 철주(鐵柱)의 중심이 되고 석벽(石壁)의 외면이 되어 부귀영화도 능히 그 마음을 달래어가지 못하고 무기와 권세로도 능히 그 마음을 굽히지 못하며 일체 법을 행하되 걸리고 막히는 바가 없고 진세(塵世)에 처하되 항상 백 천 삼매(百千三昧)를 얻을 것이다.(雖處塵世 常得百千三昧)" 하였다.

삼매(三昧)란 동요(動搖)나 굴곡(屈曲)이나 계교(計較)나 망상(妄想)이 없는 일심(一心)이요 일직심(一直心)을 말한다. 다시 말하면 순일하고 청정한 한 마음으로 부귀영화나 무기나 권세 등 온갖 것으로 회유(懷柔)를 한다고 할지라도 불요불변(不撓不變)의 중심을 가지고 일관하며, 공적(空寂)을 여의지 않고 치연작용(熾然作用)하는 자세를 말하는 것이다.

즉 내면적으로 일심이 되고 외면적으로 유혹의 경계에 끌리지 않는다면 자연 내외가 청정하고 명랑하리니 내외가 청명(清明)하면 자성의 빛이 솟아나고 그 솟아난 자성의 빛으로 만물이나 사리(事理)나 우주나 법계(法界)를 향하여 비치면 통투(通透)되어 독조(獨照)치 않음이 없을 것이다.

다시 말하면 영성(靈性)의 영지(靈知)와 우주의 이체(理體)인 일물(一物)은 홀로 드러나 비칠 수 있는 성능(性能)을 근본적으로 내재(內在)하고 있기 때문이다.

6) 解義

우리가 산을 오르다보면 그 산의 정상에 이른다. 산의 정상에 올라 멀리 바라보면 내가 오른 산보다 더 높은 산이 아득히 보인다. 이럴 때 산을 좋아하는 사람이라면 저 멀리 보이는 산을 오르기 위하여 다시 도전을 할 것이다.

이렇게 더 높은 산을 오르기 위하여 만반의 준비를 하였을지라도 다 오르는 것은 아니다. 반드시 하나의 문턱, 곧 잠령(岑嶺)을 넘지 못하여 포기하는 사람이 있기 마련이다. 또 설사 올랐다고 할지라도 산에서 길이 살 수 없고 반드시 내려와 세상과 시비(是非)나 이해(利害)를 함께 하여야 한다.

공부도 마찬가지이다. 산을 오르며 고생하듯이 공부의 정상에 오르기 위하여 얼마나 피나는 노력을 하는가. 이렇게 피나는 노력을 하였을지라도 한 관문(關門)을 투과(透過)하지 못하여 물러서는 사람이 얼마나 많은가. 또 설사 관문을 열고 들어갔다고 할지라도 그 곳에서 영원히 살 수는 없다. 반드시 열고 들어간 관문을 뒤돌아서 다시 열고 세상으로 나와야 한다.

다시 말하면 공부를 하는 사람의 입장에선 관문을 열고 들어가야 하고 이미 들어간 사람은 거기에 머물지 말고 다시 오탁악세(汚濁惡世)로 나와서 제도의 만능을 나투어야 공부의 효율이 발생하는 것이다.

사실 수행 공부에 왕도(王道)는 없다. 또한 정칙(定則)도 없다. 철길 같은 두 길도 없으며 고속도로처럼 쭉 뻗은 길도 없다. 즉 부처를 이루는데 어떻게 똑같은 길을 똑같이 갈 수가 있겠는가. 전세의 습관이 다르고, 또한 현세의 닦음이 다르고, 또 혜명(慧明)이 다르고, 노력이 다른데 같을 수는 없다. 혹 출발점은 같다고 할지 모르겠으나 나아가는 길은 다르고 목적지에 닿는 시기도 사람마다 다 다른 것이니 한 예로 전체를 도매(都賣)할 수는 없는 것이다.

논어(論語) 옹야(雍也)에 보면 공자의 제자에 염구(冉求)가 있었다. 그가 하루는 공자에게 여쭈었다.

'제가 선생님의 도를 매우 좋아하는데 힘이 부족합니다.(非不說子之道 力不足也)'

공자께서 말씀하셨다.

'힘이 부족한 사람은 대개 중도에서 그만 두는데 지금 너는 금을 긋고 있구나.(力不足者 中道而廢 今女畵)' 하였다.

우리는 한계(限界)를 두고 있지나 않은지, 자포자기(自暴自棄)하고 있지나 않은지, 현애상(懸崖相)을 내지나 않은지, 퇴굴심(退屈心)을 내지나 않은지, 은산철벽(銀山鐵壁)을 쌓고 있지나 않은지 등등. 이러한 모두가 스스로 금(線)을 긋는 현상이다. 이렇게 자기가 선을 그어 놓으면 절대로 넘지 못한다. 한발만 옮기면 저 언덕에 이를 것 같지만 그 선을 뚫고 넘어가기가 대단히 어려운 것이다.

회남자(淮南子) 인간훈(人間訓)에 요계(堯戒)가 실려 있다.

'두려워하고 벌벌 떨며 날이 갈수록 그 하루를 삼가야 한다. 사람이 산에서는 넘어지지 않지만 그러나 개미둑에는 넘어진다.(戰戰慄慄 日愼一日 人莫蹪於山 而蹪於垤)하였다.

다시 말하면 쉬운 것에 소홀히 할 수 있다는 말이다. 산에서는 좀처럼 넘어지지 않지만 평지에 있는 개미집에 걸려서 넘어지게 된다. 즉 한 발만 쉽게 떼면 저 곳이지만 저 곳으로 한 발을 떼기는 대단히 어려운 것이다.

그러므로 공부하는 사람은 원초적으로 통철(通徹)하여야 할 관문(關門)을 세우지 않아야 한다. 넘어야할 문턱을 만들지 않아야 한다. 이루어야할 목표를 설정(設定)하지 않아야 한다. 깨달음을 기다리는 조급증(躁急症)을 갖지 않아야 한다. 건널 금을 긋지 않아야 하는 등등. 이 모두가 승선(繩線)이요 격장(隔障)이며 전벽(前壁)이요 관역(關域)이다.

중국 원(元)나라 때 고봉선사(高峰禪師)가 있었다. 혜능문하(慧能門下)의 23대요 임제문하(臨濟門下)의 17대 손으로 1238년 소주 오강(蘇州 烏江)에서 태어나 15세에 출가하였다. 성은 서씨(徐氏)이고 이름은 원묘(原妙)요 호는 고봉(高峰)이다. 선사가 41세 되던 해 항주(項州)에 있는 천목산(天目山)의 사자암(獅子庵)에 들어가 "사관(死關)"이란 편액(扁額)을 붙이고 용맹 정진하였다. 이 사관(死關)이란 글자 그대로 '죽어서 나오는 관문'이다. 즉 공부하다 죽은 시체가 되어 나오면 나왔지 공부를 이루지 못하고 살아서는 절대로 나오지 않겠다는 비장한 각오를 다지고 공부에 매진하겠다는 자기와의 결약(結約), 또는 진리와의 서약(誓約)이 아니겠는가.

이와 같이 옛 사람은 죽음도 불고하고 관문을 넘으려 하였다. 이 한 관문마저 넘어야 한다. 이 한 관문을 넘지 못하고 뚫지 못하면 여태 쌓아온 공덕이 자칫 허사가 되어 거둘 게 없다.

서전(書傳) 여오(旅獒)에 '爲山九仞 功虧一簣(위산구인 공휴일궤)' 라는 말이 있다 이 말은 '아홉 길이나 되는 산을 조성함에 있어서 한 삼태기의 흙이 큰 공이 된다.'는 뜻이다. 즉 아홉 길의 산에 한 삼태기의 흙을 붓고 안 붓느냐에 따라 아홉 길의 산이 될 수도 있고 안 될 수도 있기 때문에 그 최종의 공은 결국 한 삼태기의 흙이 좌우한다는 말이다.

이와 같이 공부의 구경은 한 관문을 투관(透貫)하느냐 못하느냐에 따라 불보살이 될 수도 있고 중생계에 유주(留住)할 수도 있는 것이다.

또 논어(論語) 자한(子罕)에서 공자님 말씀하였다.

'비유하자면 산을 만듦에 한 삼태기로 이루지 못하는 것도 내가 그치는 것이며, 비유하자면 평지에 한 삼태기를 부어 진전된 것도 내가 가는 것이다.'(譬如爲山 未成一簣 止 吾止也 譬如平地 雖覆一簣 進 吾往也) 하였다.

다시 말하자면 공부하는 사람이 자강불식(自彊不息)하여 적게 쌓아 많음을 이루는데(積少成多) 있어서 중도에 그만 둘 경우 결국 전공(前功)은 버려지는데 거기에 그치고 나아감이 모두 나에게 있는 것이지 남이나 주위에 있지 않다는 말이다.

이러한 몇 가지 예에서 볼지라도 최종의 관문을 투철(透徹)하는 것은 오직 나에게 있고 스승이나 지도자나 단체에 책임이 있는 것은 아니기 때문에 공부를 한다는 것은 오직 내적으로 자신을 향하여 편책(鞭策)을 휘둘러 독려(督勵)를 해야지 외식(外飾)을 좇아 외향(外向)이 된다면 가는 길은 더욱 멀어져서 끝이 나타나지 않을 것이요, 진정한 자기 주인을 만날 수도 없을 것이다.

아 한 관문 어떻게 뚫을까?
아 한 언덕 어떻게 넘을까?
아 한 철벽 어떻게 부술까?

7) 和頌曰

| | |
|---|---|
| 人在牛消步步閑 | 인재우소보보한 |
| 虛空法界轉瞤間 | 허공법계전순간 |
| 一光透聳乾坤外 | 일광투용건곤외 |
| 獨露靈知破閉關 | 독로영지파폐관 |

사람은 있고 소는 사라지니 걸음마다 한가롭고
허공과 법계가 눈 깜짝거리는 사이에 굴러가네
한줄기 빛은 하늘과 땅 밖에까지 뚫어 솟아나고
홀로 드러난 신령한 지혜가 닫힌 관문을 부수네.

소는 사라졌다. 어느 곳으로 갔는지는 알 수 없지만 영원히 사라져서 다시는 나타나지 않는다. 다시 말하면 그간의 공력으로 무명이나 업장이나 중습(重習) 등이 사라지고 닦여져 오직 밝고 신령한 지혜의 광명만 독조독로(獨照獨露)하여 이 세상은 물론 우주 즉 허공법계에 가득하다. 따라서 이 허공법계는 멀리 있는 게 아니라 우리가 눈 한번 깜짝거리는 사이에 역력하게 펼쳐져서 운행되고 있다. 이러한 이치를 알게 되면 늘 한가로운 심경이 되어 어느 곳, 어느 때든지 자유롭게 노닐 수 있으리라.

우리는 흔히 문틀을 만들고 대문을 달고 빗장을 끼우게 된다.

그러하면 바깥과 안의 구별이 생긴다. 원래 내외(內外)와 표리(表裏)의 구별이 없었는데 빗장을 끼움으로 인하여 구분이 생겼다. 즉 본래 없었던 구분을 사람이 만들어 세워 놓고 거기에 갇혀서 "내 것 · 내 터"라고 집착(執着)하고 국한을 지어 살아간다.

즉 천만년 살 것처럼 꾸미다가 어느 날 어떤 계기로 정신이 들어 그것을 다시 부수고 허물려고 노력을 하지만 그동안 인습(因習)에 의하여 다져진 철벽(鐵壁)은 무너뜨리기 어렵고 닫아놓은 빗장 또한 대단히 부수기 어렵게 되는 것이다.

그러므로 우리가 영겁을 통하여 이 집착을 여의고 관문을 부수며 철성(鐵城)을 허무는 데는 근본지(根本智)를 발현시킴이 첫째가 되는 것이니 우리는 이 지혜를 갖추는데 시간을 투자하고 또한 자기를 향하여 경책하여야 하리라.

# 10. 목동과 소, 소와 목동 둘 다 없어지다

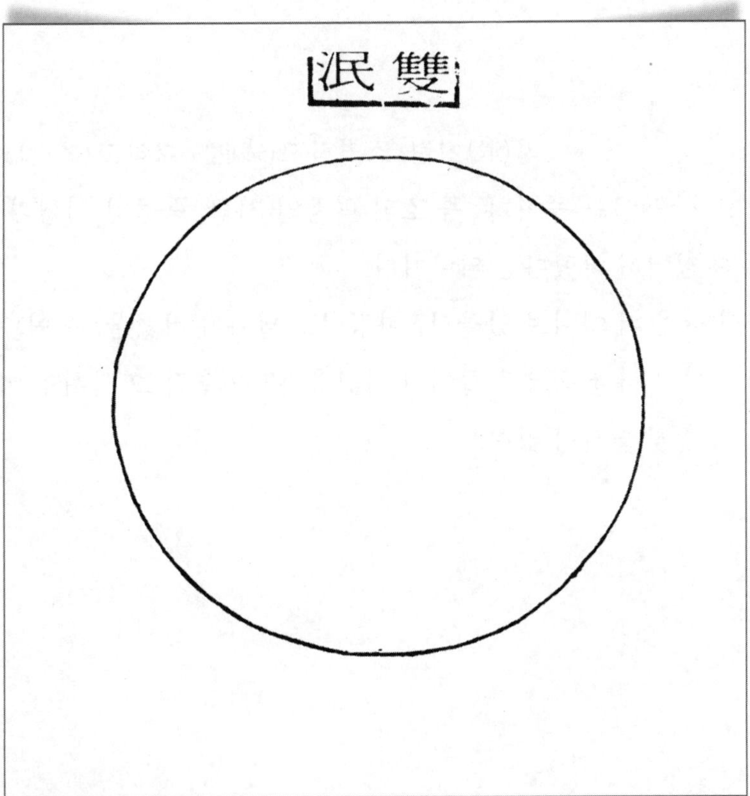

# 10. 雙泯 : 목동과 소, 소와 목동 둘 다 없어지다

민(泯)이란 소멸하고(滅也). 다하고(盡也). 없어진다(沒也)는 뜻이다. 즉 소와 목동인 사람, 목동인 사람과 소가 다 없어져 버렸다는 의미이다.

과연 둘은 다 어디로 갔을까? 바람타고 날아가 버렸을까? 아니면 땅 속이나 하늘 속으로 들어가 버렸을까? 그 흔적 그 자취를 이제는 영영 찾을 길이 없다.

1) 原文 및 解譯

人牛不見杳無蹤　인우불견묘무종
明月光含萬象空　명월광함만상공
若問其中端的意　약문기중단적의
野花芳草自叢叢　야화방초자총총

사람과 소 보이지 않아 아득하여 자취가 없고
밝은 달은 빛을 머금고 모든 형상은 비었어라
만일에 그 가운데 명백한 뜻이 무어냐 묻는다면
들꽃과 향기로운 풀 저절로 많이 모였다 하리.

2) 句節풀이

1] 人牛不見杳無蹤

사람과 소가 과연 어디 갔을까? 도무지 자취를 알 수가 없다. 아무리 찾아보아도 그 종적을 볼 수가 없다. 즉 둘 다 원래 형상이 없어서 안 보이는지, 아니면 우리의 눈이 가려서 안 보이는지, 또는 깊이 숨어서 안 보이는지 알 수가 없다. 어찌 되었든 보이지 않으니 어떻게 하여야 할까?

2] 明月光含萬象空

밝은 진리의 빛이 삼라만상(森羅萬象)을 감싸 안아 한 덩치로 만들었다가 나중에는 그 덩치마저 없애 버리니 개개(箇箇)는 존립(存立)할 수 없고 물물(物物)은 존재(存在)할 수가 없게 되었다.

그러나 진리의 광명만은 영겁을 통하여 여여(如如)할 뿐, 변역(變易)이나 굴곡(屈曲)을 거치지 않는다.

3] 若問其中端的意

누가 무엇을 물을까? 묻는 자는 누구며 물을 물(物)은 무엇이며 대답하여 줄 사람은 누구인가. 모두가 '허깨비와 나무 사람의 웃음이로다.(是如幻化木人之笑也)'

4] 野花芳草自叢叢

꽉 차있다. 저마다 영성(靈性)을 안고 이체(理體)를 머금어 모자람도 남음도 없이(無欠無餘) 가득 채워져 있다. 그러나 잡으려 하면 잡히지 않고, 안으려 하면 안기지 않으며, 보려 하면 보이지 않는다. 있는가 하면 없고 없는가 하면 있으며, 큰가 하면 작고 작은가 하면 커서 도저히 종잡을 수가 없으니 차라리 건드리지 말고 그대로 두어 두리라.

### 3) 漢字풀이

1] 見(볼 견);보다. 눈으로 보다. 돌이켜보다.

2] 杳(아득할 묘);아득히 먼 모양.

3] 蹤(자취 종);자취. 뒤를 좇다.

4] 光(빛 광);빛. 빛나다.

5] 含(머금을 함);머금다. 품다. 넣다.

6] 萬(일만 만);일만. 수의 큼을 나타내는 말. 다수. 크다.

7] 象(꼴 상);모양. 모습. 형상.

8] 空(빌 공);비다. 다하다. 없다. 모자라다. 내실이 없다. 부질없이. 헛되이.

9] 若(만일 약);만일.

10] 問(물을 문);물음. 묻다. 알리다.

11] 其(그 기);그(지시대명사).

12] 端(근본 단. 실마리 단);본원(本源). 일의 첫 머리.

13] 的(적실할 적. 꼭 적);꼭 그러하다. 확실하다. 틀림없이. 확실히.

14] 野(들 야);들. 촌스럽다. 거칠다.

15] 花(꽃 화);꽃. 초목의 꽃. 아름다운 것의 비유.

16] 叢(모일 총);모이다. 많다. 풀이나 나무 등의 무더기.

### 4) 單語 및 熟語풀이

1] 人牛(인우);사람과 소. 흑우(黑牛)와 목동(牧童). 결국 검은 소가 목동의 보살핌으로 백우(白牛)가 되고, 백우가 된 소는 결국 흔적하나 남기지 않고 사라져 버린다.

2] 不見(불견);볼 수 없다. 보이지 않는다. 찾아 헤매어도 잡히지 않는다.

3] 無蹤(무종);자취가 없다. 즉 흔적이 없다. 머문 자리나 간 자리나 누운 자리의 형태가 남아 있지 않다.

4] 光含(광함);진리는 광명이다. 그 광명은 영원을 일관(一貫)한다. 그래서 그 한 줄기의 빛이 우주 만유를 감싸 안아 생성시켜 간다.

5] 萬象空(만상공);삼라만상은 없다. 현상으로는 개개 물물이 제 모습대로 나타나는 것 같지만 그 근원 처에 있어서는 텅 비어 없는 것이다.

6] 端的意(단적의);확실한 뜻. 적실한 뜻. 틀림이 없는 뜻. 명백한 뜻. 백문(百問)이라도 백답(百答)이 아닌 오직 하나의 해답이라는 뜻.

7] 野花(야화);뜰 꽃. 저 들판에 이름 없이 피어 있지만 진리의 화현(化現)이요 근원의 개탁(開坼)으로 잎 잎에 천계(天界)가 장재(藏在)되어 있다.

8] 自叢叢(자총총);저절로 많은 무더기. 누가 시켜서 어우러진

게 아니라 진리가 작용함으로 인하여 저절로 그렇게 모여서 하나의 무성한 모둠이 되었다.

### 5) 정전의 무시선법

무시선법에 "이 지경에 이른즉 진대지(盡大地)가 일진법계(一眞法界)로 화하여 시비선악(是非善惡)과 염정제법(染淨諸法)이 다 제호(醍醐)의 일미(一味)를 이루리니 이것이 이른바 불이문(不二門)이라 생사자유(生死自由)와 윤회해탈(輪廻解脫)과 정토극락(淨土極樂)이 다 이 문으로부터 나오나니라.(心得自由 功出斯門)"

종교를 가진 사람이란 있는 것의 자유(自由)보다는 없는 것의 자재(自在)를 갈구하며, 현실의 안녕(安寧)보다는 미래의 안거(安居)까지 희구하며, 개인의 삶보다는 대중의 제민(濟民)을 살피며, 중생의 보중(保重)보다는 불보살의 명증(明證)을 추구하며, 현상에 급급(急急)한 행위보다는 진리의 품에 안기려고 노력하는 부류라고 보아야 한다.

이러한 부류가 진력(盡力)의 수도(修道)와 인고(忍苦)의 수련(修鍊)을 통하여 도를 이루고 그 이룬 도로 인간을 비롯한 생령 하나까지, 또 이 세상을 비롯하여 과거 미래에 까지 생사자유(生死自由)케 하고, 윤회해탈(輪廻解脫)케 하며, 정토극락(淨土極樂)케 하고, 낙원건설(樂園建設)케 하려는 원력(願力)을 가지고 심신을 다 바치는 것이다.

그러므로 없는 진리의 극처에 안주(安住)를 여의고 있는 곳에서 고난(苦難)을 함께하며, 허당(虛堂)에서 아름다운 소리를 내기보다는 인가(人家)와 가까이 고락(苦樂)을 동반하며, 한선(閑船)에 유적(遊適)하기보다는 거친 풍파와 겨루어 깨우며, 갇혀서 먹이를 받아먹는 닭(鷄)보다는 들판을 날며 먹이를 찾는 야학(野鶴)이 되어서 살아야 한다.

### 6) 解義

일관(一關)을 돌파하기 이전에는 '산을 보니 산이요 물을 보니 물이라.(見山是山 見水是水)' 일관을 돌파하고 보니 '산을 보아도 산이 아니요 물을 보아도 물이 아니라.(見山不是山 見水不是水)' 그 뒤 보림(保任)과 휴헐(休歇)를 거치고 보니 '산을 보면 이에 산이요 물을 보면 이에 물이라.(見山仍是山 見水仍是水)'

개심(開心)이 된 사람과 폐심(閉心)이 되어 있는 사람, 개오(開悟)가 된 사람과 미혹(迷惑)이 되어 있는 사람, 귀성(歸性)된 사람과 이성(離性)이 되어 있는 사람, 투리(透理)가 된 사람과 폐리(蔽理)가 되어 있는 사람이 바라보는 경계나 산천, 즉 천삼라(天森羅)나 지만상(地萬象)이나 이체(理體)나 법계(法界)는 분명 다르게 보이리라.

그냥 눈에는 산은 산이요 물은 물이더니, 눈에 병이 생기니 산이 산이 아니요 물이 물이 아니며, 눈에 병이 없어지니 산이 참으

로 산이요 물이 참으로 물이로다.(平眼 山是山而水是水 病眼 山非山而水非水 瘳眼 山眞山而水眞水)

유가(儒家)에서 흔히 "무성무취(無聲無臭)"라 한다. 즉 '소리도 없고 냄새도 없다'는 뜻이다. 또 도가(道家)에는 "무문무견(無聞無見)"이라 하였다. 즉 '들을 수도 없고 볼 수도 없다'는 의미이다.

저 원상(圓相)을 보라!
모두를 함유(含有)하고,
모두를 통솔(統率)하여
영겁을 통하여 여여독존(如如獨存)하고
영생을 꿰뚫어 상상고로(常常高露)할 뿐이다.

지금 진리의 소리가 나오는데 과연 그 소리를 듣는가(今出眞理之聲 果聽其聲耶)

지금 진리의 냄새가 풍기는데 과연 그 냄새를 맡는가(今放眞理之臭 果聞其臭耶)

지금 진리의 형상이 나타나는데 과연 그 형상을 보는가(今現眞理之象 果見其象耶)

지금 진리의 바탕이 텅 비었는데 과연 그 바탕에 계합(契合)되었는가(今虛眞理之體 果得其體耶)

우리들은 흔히 몇 가지 허물(過誤·誤謬)을 지으며 살아간다.

형상이 없는 것인데 보려 하니 허물이요(無形而欲見是過),
얻을 수 없는데 가지려 하니 허물이며(無得而欲持是過),
깨칠 수 없는데 알고자 하니 허물이요(無醒而欲知是過),
지극히 비었는데 억지로 있다 하니 허물이며(至空而强有是過),
공물인데 자기의 보배라 하니 허물이요(公物而自寶是過),
한 바탕인데 짜개고 찢어 놓으니 허물이며(一體而斫裂是過),
같은 성품인데 마음을 일으키니 허물이요(同性而起心是過),
큰 법인데 토를 달아놓으니 허물이며(大法而懸吐是過),
한 이치인데 우월하다 자랑하니 허물이이요(一理而矜優是過),
살리는 은혜인데 배반을 행하니 허물이다(生恩而行背是過).

오등회원(五燈會元)에 이러한 이야기가 실려 있다.

하루는 육조대사(六祖大師)가 여러 대중에게 말하였다.

'나에게 한 물건이 있다. 머리도 없고 꼬리도 없으며, 이름도 없고 글자도 없으며, 등도 없고 얼굴도 없는데 여러분은 알겠는가.(吾有一物 無頭無尾 無名無字 無背無面 諸人還識否)'

신회(神會)가 불쑥 나서서 대답을 한다.

'이것은 모든 법의 근원이요 신회의 불성입니다.(是諸法之本源 乃神會之佛性)'

육조가 말을 한다.

'너에게 이름과 글자가 없이 이르라 하였거늘 너는 본원이니 불

성이니 지어 부르느냐.(向汝道無名字 汝便喚作本源 佛性)'

이와 비슷한 이야기가 우리나라 함허득통선사(涵虛得通禪師)가 쓴 금강경오가해서설(金剛經五家解序說)에도 있다.

'여기에 한 물건이 있다. 이름과 모양이 없지만 고금을 꿰뚫었고 한 티끌에 처했지만 육합(東·西·南·北·上·下)을 에어쌓다. 안으로 뭇 묘함을 머금고 밖으로 온갖 기틀에 응하며 삼재(天·地·人)에 주인이 되고 만법에 왕이 되나니 넓고 넓어 견주지 못하고 높고 높아 짝할 수가 없다. 신령하다 말하지 아니 하랴! 구부리고 우러르는 사이에 밝게 빛나고 보고 들을 즈음에 그윽하며, 현묘하다 이르지 아니 하랴! 하늘땅보다 먼저 하였으되 그 시작이 없고 하늘땅보다 뒤에 하여도 그 마침이 없으니, 없는 것이냐? 있는 것이냐? 나는 그 까닭을 알 수가 없다.(有一物於此 絕名相 貫古今 處一塵 圍六合 內含衆妙 外應群機 主於三才 王於萬法 蕩蕩呼其無比 巍巍呼其無倫 不曰神乎 昭昭於俯仰之間 隱隱於視聽之際 不曰玄乎 先天地而無其始 後天地而無其終 空耶有也 吾未知其所以)'

아! 저 둥근 모습을…….(噫彼圓相)
있다고 하랴! 없다고 하랴!(有耶無耶)
크다고 하랴! 작다고 하랴!(大耶小耶)
이름을 붙이랴! 모양을 그리랴!(名耶相耶)

숨었다 하랴! 나타났다 하랴!(隱耶顯耶)

아! 저 둥근 모습을…….(噫彼圓相)
하늘과 땅을 내었고(生天出地)
시간과 공간을 내었으며(生時出空)
사람과 만물이 내었지만(生人出物)
절대로 소유하지는 않는다.(絕不所有)

아! 저 둥근 모습을…….(噫彼圓相)
눈이 뜨이면 볼 것이요(睜眼卽見)
귀가 열리면 들릴 것이며(啓耳卽聆)
입이 트이면 말할 것이요(開口卽言)
마음이 밝으면 알 것이다.(明心卽知)

아! 저 둥근 모습은…….(噫彼圓相)
겁 이전에 있었고(劫前而有)
겁 이후도 있으리라(劫後亦存)
변하거나 바뀌지 않으며(不變不易)
긴긴 세월 소멸하지 않는(永生不滅)
우주의 아비요(宇宙之父)
하늘땅의 어미이다.(天地之母)

아! 저 둥근 모습은……. (噫彼圓相)
주인이 없는 공물이라(無主之公物)
얻은 자의 물건이요(得者之物)
잡은 자의 물건이며(握者之物)
담은 자의 물건이요(盛者之物)
깨친 자의 물건이다. (覺者之物)

이 곳은 부처와 중생이 하나요, 삶과 죽음이 하나며, 있음과 없음이 하나요, 복락과 지혜가 하나며, 일과 이치가 하나요, 동과 정이 하나며, 너와 내가 하나요, 물(物)과 아(我)가 하나며, 하늘과 땅이 하나요, 과거와 미래와 현재가 하나이다, 등등.

그러나 궁극에 이르러서는 하나라는 것도 없으며 없다는 말도 없는 돈공돈무(頓空頓無)한 자리이다.

이 둥근 모습을 예로부터 일원상(一圓相), 또는 일원(一圓), 또는 원상(圓相)이라 하여 진리(眞理)나 본체(本體)나 근원(根源)의 상징(象徵)으로 삼았다.

그리하여 이 일원상에 우주의 진리를 불어넣고 또 바른 법의 생명을 부여(賦與)하여 신앙(信仰)의 표본(標本)으로 삼았고 또 수행(修行)의 표준(標準)으로 삼았다.

그렇다면 원불교전서(圓佛敎全書)나 정전(正典)이나 교리도(敎

理圖) 등에서 일원상(一圓相)을 표현한 내용을 대강 간추려 보고, 다음으로 불교의 선사들이 일원상에 대하여 이야기한 내용을 붙여 보련다.

먼저

1] 교리도(敎理圖)에서 '일원은 법신불(法身佛)이니 우주만유(宇宙萬有)의 본원(本源)이요 제불제성(諸佛諸聖)의 심인(心印)이요 일체중생(一切衆生)의 본성(本性)이다.' 고 하였다.

2] 교의편(敎義編) 일원상(一圓相)의 진리(眞理)에서 '일원은 우주만유의 본원이며, 제불제성의 심인이며, 일체중생의 본성이며, 대소유무(大小有無)에 분별(分別)이 없는 자리며, 생멸거래(生滅去來)에 변함이 없는 자리며, 선악업보(善惡業報)가 끊어진 자리며, 언어명상(言語名相)이 돈공(頓空)한 자리로서 공적영지(空寂靈知)의 광명을 따라 대소유무에 분별이 나타나서 선악업보에 차별이 생겨나며, 언어명상이 완연하여 시방삼계(十方三界)가 장중(掌中)에 한 구슬같이 드러나고, 진공묘유(眞空妙有)의 조화(造化)는 우주만유를 통하여 무시광겁(無始曠劫)에 은현자재(隱顯自在)하는 것이 곧 일원상의 진리다.' 고 하였다.

3] 일원상법어(一圓相法語)에서 '이 원상(圓相)의 진리를 각(覺)하면 시방삼계가 다 오가(吾家)의 소유(所有)인 줄을 알며, 또는

우주만물이 이름은 각각 다르나 둘이 아닌 줄을 알며, 또는 제불(諸佛)·조사(祖師)와 범부(凡夫)·중생(衆生)의 성품인 줄을 알며, 또는 생로병사(生老病死)의 이치가 춘하추동(春夏秋冬)과 같이 되는 줄을 알며, 인과보응의 이치가 음양상승(陰陽相勝)과 같이 되는 줄을 알며, 또는 원만구족(圓滿具足)한 것이며 지공무사(至公無私)한 것이다.' 고 하였다.

4] 대종경(大宗經)의 교의품(教義品)에서 인거하자면 '일원의 진리를 요약하여 말하자면 곧 "공(空)"과 "원(圓)"과 "정(正)"이라 하였다.' 고 하였다.

5] 대종경 교의품의 일원상과 인간과의 관계에 대한 물음에 대하여 '일원상은 부처님의 심체(心體)를 나타낸 것이므로 … 심체라 하는 것은 광대무량(廣大無量)하여 능히 유(有)와 무(無)를 총섭(總攝)하고 삼세(三世)를 관통하였나니, 곧 천지만물의 본원이며 언어도단(言語道斷)의 입정처(入定處)라 유가(儒家)에서는 이를 일러 태극(太極) 혹은 무극(無極)이라 하고, 선가(仙家)에서는 이를 일러 자연(自然) 혹은 도(道)라 하고, 불가에서는 이를 일러 청정법신불(淸淨法身佛)이라 하였다.' 고 하였다.

6] 대종경 교의품의 도형(圖形)의 원상에 대하여 '저 도형의 원상은 참 일원을 알리기 위한 한 표본이라, 비하건대 손가락으로

달을 가리킴에 손가락이 참 달은 아닌 것과 같나니라. 그런즉 공부하는 사람은 마땅히 저 표본의 원상으로 인하여 참 일원을 발견하여야 할 것이며, 일원의 참된 성품을 지키고, 일원의 원만한 마음을 실행하여야 일원상의 진리와 우리의 생활이 완전히 합치(合致)되리라.' 고 하였다.

7] 대종경 교의품의 일원상의 신앙에 대하여 '일원상을 신앙의 대상으로 하고 그 진리를 믿어 복락을 구하나니, 일원상의 내역을 말하자면 곧 사은(四恩)이요, 사은의 내역을 말하자면 곧 우주만유로서 천지만물 허공법계(虛空法界)가 다 부처 아님이 없다.' 고 하였다.

8] 대종경 교의품의 일원상의 수행에 대하여 '일원상을 수행의 표본으로 하고 그 진리를 체 받아서 자기의 인격을 양성하나니 일원상의 진리를 깨달아 천지만물의 시종본말(始終本末)과 인간의 생로병사(生老病死)와 인과보응(因果報應)의 이치를 걸림 없이 알자는 것이며, 또는 일원과 같이 마음 가운데 아무 사심(私心)이 없고 애욕(愛慾)과 탐착(貪着)에 기울고 굽히는 바가 없이 항상 두렷한 성품(性稟) 자리를 양성(養成)하자는 것이며, 또는 일원과 같이 모든 경계를 대하여 마음을 쓸 때 희로애락(喜怒哀樂)과 원근친소(遠近親疎)에 끌리지 아니하고 모든 일을 오직 바르고 공변되게 처리하자는 것이니, 일원의 원리를 깨닫는 것은 견성(見

性)이요, 일원의 진리를 지키는 것은 양성(養性)이요, 일원과 같이 일원과 같이 원만한 실행을 하는 것은 솔성(率性)이다.' 고 하였다.

9] 대종경 불지품(佛地品)에서 일원이 바로 우주의 본가(本家)이니 이 집에는 '무궁(無窮)한 묘리(妙理)와 무궁한 보물(寶物)과 무궁한 조화(造化)가 하나도 빠짐없이 다 갖추어 있다.'

10] 정산종사법어(鼎山宗師法語) 원리편(原理編)에 '일원상의 원리는 모든 상대가 끊어져서 말로써 가히 이르지 못하며 사량(思量)으로써 가히 계교(計較)하지 못하며 명상(名相)으로써 가히 형용(形容)하지 못할지라 이는 곧 일원의 진공체(眞空體)요, 그 진공한 중에 또한 영지불매(靈知不昧)하여 광명이 시방을 포함하고 조화가 만상을 통하여 자재하나니 이는 곧 일원의 묘유(妙有)요, 진공과 묘유 그 가운데 또한 만법이 운행하여 생멸거래와 선악과보가 달라져서 드디어 육도사생으로 승급 강급하나니 이는 곧 일원의 인과(因果)인바, 진공과 묘유와 인과가 서로 떠나지 아니하여 한 가지 일원의 진리가 되나니라.' 고 하였다.

다음으로 불교에서

1] 옛 사람이 일렀다.

'옛 부처 나오기 이전에

응연히 한 모습이 둥글었다.
석가모니도 오히려 몰랐는데
가섭존자가 어찌 능히 전하리요.'
(古佛未生前 凝然一相圓 釋迦猶未會 迦葉豈能傳)

즉 부처님이 진리를 깨쳤다고 하지만 부처님이 깨치기 이전부터 일상(一相)의 둥근 진리가 있었다. 또 부처님이 나왔다고 하지만 나오기 이전부터 밝게 드러나 있는데 더 알 것이 없었다. 또 부처님이 전해 주었다고 하지만 주고받을 수 없기 때문에 부처님의 상수제자라고 하는 가섭존자도 뒤에 전할 수가 없었다.

2] 야부도천선사(冶父道川禪師)는 '○을 그리고 그 아래에 "법이란 홀로 일어나는 게 아닌 데 누가 어찌 이름을 붙였는가." 수승(殊勝)한 큰 법왕이여! 짧지도 또한 길지도 않으며, 본래 검거나 희지도 않은데 곳에 따라 푸르고 노랑을 나타낸다. 꽃이 피면 아침마다 요염함을 보고 숲이 시들면 늦서리도 물러간다. 빠른 우뢰가 어찌 크게 친다하며 빠른 번개도 또한 빛이 아니다. 범부나 성현은 원래 측량하기 어려운데 용과 하늘이 어찌 헤아리리요, 예나 지금이나 사람들이 알지 못하여 방편을 세워 금강이라 불렀다네.'

(○法不孤起 摩訶大法王 無短亦無長 本來非皁白 隨處現青黃 花發看朝艷 林凋逐晚霜 疾雷何太擊 迅電亦非光 凡聖元難測 龍天豈度量 古今人不識 權立號金剛)

3] ○(圓相)은 남양혜충국사(南陽慧忠國師)로부터 시작이 되었다 한다.

경덕전등록권오(景德傳燈錄卷五)에 보면 '혜충국사가 어떤 스님이 오는 것을 보고 손으로 원상을 만들고 원상 가운데 날일(日)의 글자를 써 넣었는데 스님이 대답하지 못하였다.'

(師見僧來 以手作圓相 相中書日字 僧無對)

4] 남양국사의 원상에 얽힌 이야기가 있다. 남양국사가 원상을 탐원선사(耽源禪師)에게 전하고 탐원선사가 앙산선사(仰山禪師)에게 전하였다. 탐원선사가 하루는 앙산선사에게 말하였다.

'혜충국사께서 육대조사가 전한 원상97개를 노승에게 주시고 열반에 들 때에 나에게 이르기를 "내가 죽은 뒤 30년에 한 사미가 남방으로부터 와서 현풍(禪風)을 크게 떨치리니 차례로 전하여 끊어짐이 없게 하라." 하였는데 내가 이 예언을 보니 그 일이 너에게 있으므로 내가 지금 너에게 부촉하는 것이니 너는 마땅히 받들어 간직하여야 한다.'

(國師-傳六代祖師 圓相九十七介 授與老僧 臨示寂時 謂予曰 "吾-滅後三十年 有一沙彌 來自南方 大振玄風 次第傳授 無令斷絕" 吾詳此讖 事在汝躬 我今付汝 汝當奉持)

5] 경덕전등록4권에 '항주 경산 도흠선사는 소주의 곤산 사람이다. ……마조선사가 사람을 시켜 글을 보냈는데 도착한 글에

일원상이 그려 있었다. 도흠선사가 봉함을 뜯고 원상 가운데다 한 획을 그어 도로 봉하여 보냈다.'

(景德傳燈錄卷四 杭州徑山道欽禪師者 蘇州崑山人也···馬祖-令人送書 到書中作一圓相 師發緘於圓相中作一畫 却封廻)

6] 경덕전등록5권에 '서경 광택사 혜충국사는 조주의 제기 사람이다. 성은 염씨로 스스로 심인(認可)을 받았다하여 남양의 백애산 당자곡에 40여년을 산문을 내려오지 않으니 도행이 대궐에까지 들렸다. 당나라 숙종 상원 2년에 중사인 손조진을 보내어 서울에 불러 스승의 예로써 대접하였다.……혜충국사가 중이 오는 것을 보고 손으로 원상을 그리고 원상 가운데 날일(日)자를 쓰니 중은 대답이 없었다.'

(景德傳燈錄卷5 西京光宅寺慧忠國師者 趙州諸暨人也 姓冉氏 自受心印 居南陽白崖山黨子谷 四十餘祀 不下山門 道行聞於帝里 唐肅宗上元二年 勅中使孫朝進齎詔徵赴京 待以師禮……師見僧來 以手作圓相 相中書日字 僧無對)

7] 경덕전등록5권에 경조부 장경사 회운선사는 천주 동안 사람이다. 회운선사에게 스님이 행각을 하고 돌아오니 선사가 물었다.

'그대가 나를 떠난 지 몇 년이나 되었느냐?'

스님이 대답한다.

'화상의 좌우를 떠난 지 8년이 지났습니다.'

'무엇을 준비(장만)하였더냐?'

스님이 땅에 일원상을 그렸다.

'다만 이것인가, 다시 다른 게 있는가.'

중이 이에 원상을 부수어 버린 뒤에 예배하였다.……

(景德傳燈錄5卷 京兆府章敬寺懷?禪師 泉州同安人也……師有小師行脚回 師問曰 '汝離此間多少年耶' 曰 '離和尙左右將及八年' 師曰 '辦得箇什?' 小師於地畫一圓相 師曰 '只這箇 更別有' 小師乃畫破圓相後禮拜…….)

8] 경덕전등록7권에 악주 무등선사는 위씨 사람이다. 처음 출가를 공공산에서 하고 마조대사에게 참예하여 은밀히 심요를 받고 뒤에 수주 토문으로 가서 주목인 왕상시를 뵙고 선사가 물러나 문을 나오려는데 왕상시가 뒤에서 부른다.

'무등 스님'

무등선사가 돌아보는지라 왕상시가 기둥을 세 번 두드리니 무등선사가 손으로 원상을 만들고 다시 세 번을 퉁기고는 문득 가버렸다.

(景德傳燈錄卷5 鄂州無等禪師者 尉氏人也 初出家於龔公山 參詣馬祖大師 密受心要 後往隨州土門 嘗謁州牧王常侍者 師退 將出門 王後呼之云 '和尙' 師回顧 王敲柱三下 師以手作圓相 復三撥之便行)'

9] 경덕전등록7권에 여산 귀종사 지상선사가 있었다.……선사가 동산에 들어가 나물을 채취하고 선사가 원상을 그려 한 포기를 에워싸고 대중에게 말하였다.

'쉽사리 이것을 움직이지 말라.'

대중들이 감히 움직이지 아니 하였다.

조금 있다가 선사가 다시 와서 나물이 그대로 있음을 보고 문득 막대기로 쫓으면서 말하였다.

'이 한 무리에 한 사람도 지혜 있는 사람이 없구나.'

(景德傳燈錄卷7 廬山歸宗寺智常禪師……師入園取菜次 師畫圓相 圍却一株 語衆云 '輒不得動著這箇' 衆不敢動 少頃 師復來 見菜猶在 便以棒趁衆僧云 '這一隊漢無一箇有智慧底')

10] 경덕전등록8권에 지주 남전보원선사는 정주 신정 사람이다. 성은 왕씨로 당나라 지덕2년에 대외산의 대혜선사에게서 수업하였다.

남전선사가 귀종 · 마곡선사와 함께 남양국사를 예방하러 가는데 남전선사가 먼저 길 위에 일원상을 그려놓고 말하였다.

'계합이 되었다 이르면 가리라.'

귀종선사는 문득 원상 가운데 앉고, 마곡선사는 여인의 절을 하였다.

남전선사가 말을 한다.

'이렇다면 가지 않겠다.'

귀종선사가 말하였다.

'이게 무슨 심보(또는 수작)인가.'

남전선사가 귀종 · 마곡선사의 이름을 부르고 돌아서면서

'국사를 예방하러 가지 않으리라.'

(景德傳燈錄卷8 池州南泉普願禪師者 鄭州新鄭人也 姓王氏 唐至德二年 依大隗山大慧禪師受業……師與歸宗麻谷同去參禮南陽國師 師先於路上畫一圓相云 '道得卽去' 歸宗便於圓相中坐 麻谷作女人拜 師云 '恁?卽不去也' 歸宗云 '是什麼心行' 師乃相喚回不去禮國師……)

11] 경덕전등록8권에 온주 불오화상은 언제나 사람이 오는 것을 보면 주장자로 땅을 치면서 말을 한다.

'앞의 부처님도 이러하였고, 뒤의 부처님도 이러하였다.'

중이 물었다.

'바야흐로 이러할 때는 어찌하겠습니까?'

불오화상이 일원상을 그리니 중은 여인의 절을 한다.

불오화상이 이에 때렸다.

(景德傳燈錄卷8 溫州佛嶴和尙 尋常見人來 以拄杖卓地云 '前佛也恁麼後佛也恁麼' 僧問 '正恁麼時作麼生' 師畫一圓相 僧作女人拜 師乃打之 …… )

12] 경덕전등록8권에 경조 초당화상이 스스로 참구한 대적을

파하고 해창에 이르러 노닐었다.

해창화상이 물었다.

'어느 곳에서 왔는가.'

초당화상이 대답한다.

'도장에서 왔습니다.'

'거기가 어떤 곳인가.'

'도적은 가난한 사람의 집을 털지 않습니다.'

'한 법도 있지 않을 때는 이 몸은 어느 곳에 있는가.'

초당화상이 일원상을 그리고 가운데에다 몸신(身)자를 썼다.

(景德傳燈錄卷8 京兆草堂和尙 自罷參大寂 遊至海昌 海昌和尙問 '什麽處來' 師云 '道場來' 昌云 '這裏什麽處' 師云 '賊不打貧人家' 問 '未有一法時 此身在什麽處' 師乃作一圓相 於中書身字)

13] 경덕전등록8권에 홍주의 수로화상이 처음에 마조선사에게 참구하고 무엇이 조사가 서쪽에서 온 적적한 뜻이냐고 물었다.

마조가 말한다.

'예의를 갖추어 절을 하여라.'

수로화상이 예배를 하니 마조가 문득 한번에 차서 넘어뜨리니 수로화상이 크게 깨쳤다.

중이 있어 일원상을 만들어 손으로 수로화상의 몸을 향하여 당기니 수로화상이 이에 세 번 튕기고 또한 일원상을 만들어 도리어 그 중을 가리키니 중이 문득 예배하거늘 수로화상이 때리면서 말을 한다.

'머리 빈 놈(허풍선이)아!'

(景德傳燈錄卷8 洪州水老和尙 初參馬祖 如何是西來的的意 祖云 '禮拜著' 師纔禮拜 祖便與一蹋師大悟 … 有僧作一圓相 以手撮向師身上 師乃三撥 亦作一圓相 却指其僧 僧便禮拜 師打云 '著虛頭漢')

14] 경덕전등록9권에 담주 위산영우선사는 복주 장계 사람으로 성은 조씨이다. 나이 15세가 되어 어버이를 떠나 출가하여 본군 건선사 법상율사에 의지하여 머리를 깎았다. 항주 용흥사에서 계를 받고 대소승과 경율을 연구하며 23년을 강서에 노닐다가 백장대지선사를 참배하니 백장이 한번 보고 입실을 허락하여 드디어 참구하는 학도의 수장에 거하였다.

하루는 모시고 섰는데 백장이 물었다.

'누구냐'

'영우입니다.'

'너는 화로 가운데 불씨가 있는가 없는가 휘저어 보아라.'

영우선사가 휘저으며 대답한다.

'불씨가 없습니다.'

백장이 몸소 일어나 깊이 휘저어 작은 불씨를 얻어서 들어 보이면서 말을 한다.

'이것은 불씨가 아닌가.'

영우선사가 깨닫고 감사의 예를 올리며 그 아는 바를 진설하였다….

영우선사가 새로 온 중의 이름이 뭐냐고 물었다.

중이 대답한다.

'이름이 월륜입니다.'

영우선사가 일원상을 지었다.

(景德傳燈錄卷9 潭州 潙山靈祐禪師者 福州長谿人也 姓趙氏 年十五 辭親出家 依本郡建善寺法常律師剃髮 於杭州龍興寺受戒 究大小乘經律 二十三遊江西 參百丈大智禪師 百丈一見 許之入室 遂居參學之首 一日侍立 百丈問 誰 師曰靈祐 百丈云 汝撥 鑪中有火否 師撥云 無火 百丈躬起深撥得少火 擧以示之 云此不是火 師發悟禮師 陳其所解……師問新到僧名什麽 僧云 '名月輪' 師作一圓相)

15] 경덕전등록10권에 조주 관음원 종심선사는 조주 학향 사람이다. 성은 학씨로 어려서 목주 호통원에서 스승을 따라 머리를 깎았다.

중이 물었다.

'무엇이 비로자나(毘盧遮那)의 원상입니까?'

종심선사가 대답한다.

'노승은 어려서 출가하여 일찍이 눈에서 꽃이 어지럽게 떨어지는 병이 없었다.'

‘어찌 사람을 위하지 않습니까?’

‘네가 항상 비로자나의 원상 나타나기를 원하노라.’

(景德傳燈錄卷10 趙州觀音院從諗禪師 趙州 郝鄕人也 姓郝氏 童稚於本州扈通院從師披剃 … 僧問 ‘如何是毗盧圓相’ 師云 ‘老僧自幼出家 不曾眼花’ 僧云 ‘豈不爲人’ 師云 ‘願汝常見毗盧圓相)

16] 경덕전등록11권에 원주 앙산 혜적선사는 소주 회화 사람이다. 성은 섭씨이다. 출가를 하려하나 부모가 허락하지 아니하므로 2년 뒤에 선사가 손가락 둘을 끊어 부모 앞에 꿇어앉아 바른 법을 찾아 낳고 길러준 은혜에 보답하기를 맹세하였다.……위주가 위산선사에게 나아가 한 게송을 청하거늘 위산선사가 말하였다.

‘얼굴을 보면서 전해 주어도 오히려 둔한 놈인데 어찌 하물며 종이와 붓으로 나타냄이겠는가. 이에 위산선사에게 나아가 청하니 선사가 종이에다 일원상을 그렸다.’

주석을 붙였다.

‘생각하고 알면 둘째에 떨어지고, 생각하지 않고 알면 셋째에 떨어진다.’

(景德傳燈錄卷11 袁州仰山慧寂禪師 蘇州懷化人也 姓葉氏 年十五 欲出家 父母不許 後二載 師斷手二指 跪致父母前 誓求正法 以答劬勞 … 韋宙就潙山請一伽陀 潙山曰 ‘覿面相呈猶是鈍漢 豈況形於紙筆 乃就師請 師於紙上畫一圓相’ 注云 ‘思而知之落第二

頭 不思而知落第三首)

17] 경덕전등록11권에 원주 앙산 혜적선사는 소주 회화 사람으로 성은 섭씨이다. 출가를 하려 하나 부모가 허락하지 아니하므로 2년 뒤에 선사가 손가락 둘을 끊어 부모 앞에 꿇어앉아 바른 법을 찾아 낳고 길러준 은혜에 보답하기를 맹세하였다.

중이 물었다.

'무엇이 조사가 온 뜻입니까?'

앙산선사가 손으로 허공에 원상을 만들고 원상 가운데 불(佛)자를 그려 넣으니 중은 말이 없었다.

(景德傳燈錄卷11 袁州仰山慧寂禪師 蘇州懷化人也 姓葉氏 年十五 欲出家 父母不許 後二載 師斷手二指跪致父母前 誓求正法 以答劬勞 … 僧問 '如何是祖師意' 師以手於空作圓相 相中畵佛字 僧無語 … )

18] 경덕전등록11권에 원주 앙산 혜적선사는 소주 회화 사람이다. 성은 섭씨이다. 출가를 하려하나 부모가 허락하지 아니하므로 2년 뒤에 선사가 손가락 둘을 끊어 부모 앞에 꿇어앉아 바른 법을 찾아 낳고 길러준 은혜에 보답하기를 맹세하였다.

앙산선사가 눈을 감고 앉았는데 중이 가만히 와서 곁에 섰거늘 선사가 눈을 뜨고 종이 위에다 일원상을 그리고 일원상 가운데 물수(水)자를 써넣고 그 중을 돌아보니 중은 말이 없었다.

(景德傳燈錄卷11 袁州仰山慧寂禪師 蘇州懷化人也 姓葉氏 年十五 欲出家 父母不許 後二載 師斷手二指 跪致父母前 誓求正法 以答劬勞 … 師閉目坐次 有僧潛來身邊立 師開目於紙上作一圓相 相中畫水字 顧視其僧 僧無語)

19] 경덕전등록12권에 앙산 서탑 광목선사에게 중이 물었다.

'무엇이 돈오입니까?'

광목선사가 원상을 지어 보였다.

'무엇이 점수입니까?'

광목선사가 손으로 허공을 세 번 튕기고 내렸다.

(景德傳燈錄卷12 仰山西塔光穆禪師 僧問 '如何是頓' 師作圓相示之 曰 '如何是漸' 師以手空中撥三下)

20] 경덕전등록12권에 복분암주가 하루는 중이 산 아래서부터 울고 올라오거늘 선사가 절의 문을 닫아버리니 중이 절문 아래서 일원상을 그렸다.

(景德傳燈錄卷12 覆盆庵主 一日有僧從山下哭上 師閉庵門 僧於門下 畫一圓相……)

21] 경덕전등록13권에 길주의 복수화상에게 중이 물었다.

'다른 나라에서 부처를 이루면 또한 다른 이름이 있습니까? 없습니까?'

복수화상은 원상을 그려 보여 주었다.

(景德傳燈錄卷13 吉州福壽和尙 僧問 '餘國作佛還有異名也無' 師作圓相示之……)

22] 경덕전등록19권에 수주 쌍천산 양가암 영선사가 물었다.

'달마대사가 9년을 면벽한 뜻이 무었입니까?'

설봉의존선사(雪峰義存禪師)가 대답한다.

'졸지 않았다.'

호국장로가 오거늘 영선사가 물었다.

'드러난 장소에서 남자와 여자가 각각 한 물음을 이야기하는데 물음 물음이 각각 다르면 장로는 장차 어떻게 대답하겠습니까?'

호국장로가 손으로 공중에다 일원상을 그리니 영선사가 말하였다.

'장로의 자비에 감사드립니다.'

(景德傳燈錄卷19 隨州雙泉山梁家庵永禪師 問 '達磨九年面壁意如何' 師曰 '睡不著' 護國長老來 師問 '隨陽一境 是男是女 各申一問 問問各別 長老將何祇對' 護國以手空中畫一圓相 師曰 '謝長老慈悲')

위의 여러 이야기를 종합하여 한마디로 단정하기는 어렵지만 한마디를 붙인다면

'왜 부처는 나왔을까?'

그리고

'무엇을 말하였을까?'

그리고

'무엇을 보였을까?'

**至性絶知**(지성절지)이다. 즉 '지극한 성품은 알음이 끊겼다.'

그런데 무엇을 깨쳐 알았기에 부처라고 하였을까?

**至理絶言**(지리절언)이다. 즉 '지극한 이치는 말이 끊겼다.'

그런데 말해 놓은 것이 장경(藏經)을 이루고 오거시서(五車詩書)를 이룬다.

**至道絶象**(지도절상)이다. 즉 '지극한 도는 형상이 끊겼다.'

그런데 형체를 나투어 불상(佛像)이 되고 원상(圓相)이 되었다.

결국 부처는 스스로 부처라 이르지 않았는데 주위 사람들이 부처라고 부추겼고,

입을 열어 말하였지만 말한바가 없는데 주위 사람들이 말을 기록하여 놓았으며,

그림하나 그리지 않았는데 주위 사람들이 어림잡아 만들고 그려 놓았을 뿐이다.

그러므로 부처를 추겨 세워 부처의 본의(本意)를 훼손(毁損)하고,

종이에 기록하여 고지(古紙)나 취지(臭紙)를 만들었으며,

형상(形相)을 그려서 집착(執着)을 낳았으니

오직 허물은 부처나 언설(言說)이나 도상(圖象)에 있지 않고 무

식(無識)한 주위 사람, 아부(阿附)한 주위사람, 점두(點頭)한 주위사람, 봉대(奉戴)한 주위사람, 계승(繼承)한 주위사람, 비루(鄙陋)한 주위사람에게 있는 것이요 부처의 출현이나 언설이나 도형을 탓할 필요는 없는 것이다.

어떤 사람이 둥근달(圓月)을 일러달라고 하니 손가락으로 달을 가리킨다. 그런데 그 사람은 달은 보지 않고 손가락 끝에서 달을 찾아보려고 노력한다. 참 달은 허공에 있건만 그것은 쳐다보지 않고 손가락달만 찾는다면 백년을 찾아도 달을 찾을 수 없다.

또 어떤 사람이 반달(半月)을 가르쳐달라고 한다. 그러니 그 사람은 합죽선(合竹扇)의 부채를 펴서 보이며 이렇게 생겼다고 한다. 그런데 그 사람은 부채를 인연하여 반달을 보려고 아니 하고 부체 끝에서 반달을 찾으려 한다. 천년을 찾아도 반달은 찾을 수가 없다.

또 어떤 사람이 바람(風相)을 보여 달라고 한다. 그러니 그 사람은 나무를 흔들어 보이며 이것이 바람이라고 한다. 그런데 그 사람은 그것을 알거나 이해하지 못하고 실물인 바람을 눈에 보여달라고 한다. 볼 수도 잡을 수도 없는 바람을 찾으려 한다면 만년을 찾아도 찾을 수가 없다.

위에서 든 세 가지 예화와 같이 참 달을 쳐다보라고 손가락으로 가리켜 주었건만 보지 못하는 것은 일러준 사람의 허물이 아니요, 반달의 모양을 합죽선으로 나타내 주었건만 달은 발견하지 못하는 것은 나타내 준 사람의 허물이 아니며, 바람의 움직임을 나무를 흔들어 일러 주었건만 가늠하지 못하는 것은 일러 준 사람의 허물이 아니다.

결국 그 허물은 알아차리지 못하고 깨우치지 못하고 눈치채지 못한 그 사람에게 있는 것이다.

그러므로 수행하는 모든 사람들은 자기 마음을 닦아서 큰 청정을 이루고, 자기 지혜를 단련하여 큰 해탈을 이루며, 바깥 사물을 응용하여 큰 자재를 이루자는 것이니, 이미 청정을 이루면 망념이 일지 않고, 이미 해탈을 이루면 업장이 사라지며, 이미 자재를 이루면 집착이 없어진다.(故로 修行諸人은 修自心而成大淸靜하고 鍊自慧而成大解脫하며 應外物而成大自在也니 已成淸靜이면 不起妄念하고 已成解脫이면 盡滅業障하며 已成自在하면 別無執着也니라)

7) 和頌

實虛虛實本消縱　　실허허실본소종
無有有無皆滅空　　무유유무개멸공
若逐圖言頭殼破　　약축도상두각파
莫欺佛祖楮塵叢　　막기불조저진총

실상은 빈 것이요 빈 게 실상으로 본래 자취 사라지고
없음은 있음이요 있음이 없음으로 다 소멸한 빔이라네
만일에 그림이나 말씀을 좇는다면 머리통이 깨어지리니
부처나 조사나 닥종이의 티끌 무더기에 속아 넘지 말라.

부처님의 가르침 근본은 공이다. 이와 같이 공이므로 실상과 빔도 공이요 없음과 있음도 공이며. 이체도 공이요 자성도 공이며, 사물도 공이요, 부처도 공이다. 법계도 또한 공이요 모든 법도 또한 공이며, 건지는 것도 공이요, 중생도 공이며 팔만장경도 또한 공이며 오거시서(五車詩書)도 또한 공이다. 종합적으로 말하자면 "공이라 이름도 공이요 그 공도 또한 공이다".(佛敎之根本曰空也니라. 如此空故로 實虛是空이요 無有是空이며 理體是空이요 自性是空이며 事物是空이요 佛祖是空이라 法界亦空이요 諸法是空이며 濟度亦空이요 衆生亦空이며 藏經亦空이요 詩書亦空이라 合而言之컨댄 云空也空而其空亦空也니라)

공이기에(於空)
세울 게 없고,(無於立之)
읊을 게 없고,(無於吟之)
그릴 게 없다.(無於繪也)
즉 부처를 세울 게 없고,(佛也無立)
법을 지을 게 없으며,(法也無制)

모양을 만들 게 없다.(象也無造)

그러나 지구(地球)와 세상이란 사람이 살아가야 하고 만물이 의지하여 뿌리를 내리며 생령들이 숨을 쉬어야 할 바탕이 되는 곳으로 그 근원처(根源處)가 공(空)이요 무(無)라고 할지라도 현실이라는 것이 엄연히 존재하기 때문에 그 현실 자체에서 여생(與生)을 도모하여야 한다.

그러므로

**眞空實相**(진공실상)이다. 즉 진리의 본원인 공(空)이 바로 현실을 나투고 그 나투어진 모두가 진리에 뿌리를 한 현상이기 때문에 현실이 바로 진리의 당처요 진리의 당처가 바로 현실임을 알아서 불이견(不二見)을 가져야 한다.

**起法正路**(기법정로)이다. 즉 모든 부처님과 모든 성현들이 나오셔서 인생이 가야 할 길, 세상이 다스려져야 할 길을 밝혔는데 그 길은 정치의 법이 될 수도 있고, 종교의 법이 될 수수도 있다. 특히 종교의 법이란 우주 이법(理法)의 도판(圖板)을 세상에 실현하는 방법을 제시하였으므로 불멸(不滅)의 무상법(無上法)이 되는 것이다.

**主佛事緣**(주불사연)이다. 부처님이 세상에 오심을 일대사인연(一大事因緣)이라 한다. 즉 부처님들은 의미 없이 세상에 나오는 게 아니라 무엇인가 세상과 생령을 위하여 할 일이 있어서 오시고, 세상의 흐트러짐을 바로잡기 위하여 책임을 가지고 오시는 것이므로 거룩한 일이요 희유(稀有)한 일이니 그 사업을 함께하여 나아가자.

이렇게 없음은 있음의 뿌리요(無是有根), 우주는 만물의 근원이며(宇宙是物源), 빔은 법의 바탕이요(空是法體), 부처는 중생의 어버이(佛是生母)인 것이다.

그래서 세상은 어울려 살아야 하고 이 지구는 한 마을을 이루어 살아야 한다.(然而世上是與竝而生 地球是同里而活)

그러나 공부의 구경은 오직 나에게 있는 것이니 팔만장경이나 오거시서를 기록한 닥종이나 형상을 그리고 행동으로 보여줌이나 부처나 조사들의 위엄에 절대로 속아 넘어가지 않아야 한다.(然功夫之究竟惟在我하니 八萬藏經與五車詩書之楮紙나 以形畵相하고 以行授示나 佛祖之威에 絕不欺之也니라)

## 1. 廓庵禪師의 〈白牛圖〉

목우도송은 대개 두 종류로 나눌 수 있다. 전자인 소 그림은 '검은 데서 희게 변하는 것이요' 후자인 소 그림은 '모두가 순백'이니 또한 백우도송으로 모두 목동을 사람에 비유하고 소를 마음에 비유하였다.(牧牛圖頌 大致可分爲二種 前者圖牛 '由黑變白' 後者圖牛 '全然純白' 亦稱白牛圖頌. 同以牧童喩人 以牛喩心).

곽암선사(廓庵禪師)의 백우도송(白牛圖頌)을 나누면

1. 심우(尋牛)
2. 견적(見跡)
3. 견우(見牛)
4. 득우(得牛)
5. 목우(牧牛)
6. 기우귀가(騎牛歸家)
7. 망우존인(忘牛存人)

8. 인우구망(人牛俱忘)

9. 반본환원(返本還源)

10. 입전수수(入廛垂手)이다.

곽암선사의 백우도송을 분석하여 보면

첫째, 심우(尋牛)란 보리심(菩提心)을 발한 위치요

둘째, 견적(見跡)부터 셋째 · 넷째 · 다섯째 · 여섯째의 기우귀가(騎牛歸家)까지는 수행(修行)의 위치이다.

일곱째, 망우존인(忘牛存人)과 여덟째, 인우구존(人牛俱存)은 보리(菩提)를 이룬 위치이다. 즉 망우존인은 소승(小乘)의 아공(我空)으로 보리를 이룬 것이며 인우구망은 대승(大乘)의 아법구공(我法俱空)으로 보리를 이룬 것이다.

아홉째, 반본환원(返本還源)은 열반(涅槃)에 든 위치로 대소승(大小乘)을 통 털어 말한 것이다.

열째, 입전수수(入廛垂手)는 방편을 부릴 수 있는 구경의 위치이다.

곽암선사는 법을 얻고 깨달음을 이루어 공덕이 원만함(得法徹悟爲功德圓滿)에 중점을 두지 않고 반본 환원한 뒤에 오히려 입전수수에 중점을 두어 자비와 지혜를 함께 운용하여 생사(生死)의 바다에 이르러 중생을 건지는데(悲智雙運 到生死海渡濟衆生) 중점을 두고, 싹을 잘못 틔워 농사를 망치거나, 한 작용도 일으키지 아니하는 지극히 선종(禪宗)의 기본 사상에 명합(冥合)되도록 하였다.

## 2. 〈牧象圖〉

목상도나 목우도의 전후 관계는 아직까지 가설로만 남아 있다. 중국 목우도가 중국 선종기의 전성시대에 선사들의 고유한 발상으로서 티벳에 전래되어 티벳 목상도가 생겨났으리라는 가설과 그 반대의 입장으로 중국에서 목우도가 출현하기 전에 티벳이나 인도 밀교(密教)로부터 전래된 기존의 목우도를 보고 모델인 코끼리를 중국 선종(禪宗)에서 소로 바꾸어 그린 것이 중국 목우도의 첫 제작 배경이라는 가설이 공존하고 있다.

목상도는 티벳에서 만다라 형식의 도상(圖像)을 빌어 깨달음을 표현한 그림으로 현재까지 전해져 내려오고 있다.

밀교(密教)에 있어서 깨달음의 세계는 도상화(圖像化)되어 있으므로 만다라의 형식으로 자연히 코끼리를 통한 깨달음(밀교의 菩提)의 세계를 추구하는 목상도가 생겨났으리라 추정된다.

목상도를 만다라의 일부로 보는 이유는 중국의 십우도가 열 장의 그림으로 따로 따로 한 장씩 분리되어 있는데 반하여 목상도는 만다라 도상과 같은 한 장의 영성도(靈性圖)라고 볼 수 있기 때문이다.

중국에서는 소가 가장 친근한 동물로 여겨진 만큼 인도와 티벳에서는 코끼리가 깨달음의 비유로 더욱 적합한 동물이므로 목우도가 아닌 목상도의 출현이 가능하였다고 보아진다.

오늘날까지 남아 있는 인도인의 소에 대한 신앙에 있어서 소는 성우(聖牛)로 묘사될 만큼 신성(神聖)한 동물이므로 성스러운 소보다는 오히려 코끼리가 자연히 이러한 깨달음을 상징하는 도상으로서 더욱 합당하였으리라고 본다. 깨달음의 영성 체험을 상징적으로 표현했다는 점과 그림속의 코끼리가 검은색에서 흰색으로 변해 가는 과정이 묘사되었다는 점에서 중국의 목우도나 심우도와의 연관성을 찾아 볼 수 있다.

목상도 안에는 코끼리 외에도 다양한 동물 도상이 그려져 있는데, 뢰부본굉(賴富本宏)은 그의 도상해설에서 스투피그사(寺) 안의 십상도를 다음과 같이 서술하고 있다.

깨달음의 단계를 나타내는 십상도. 중국의 선종(禪宗)에서도 손을 댄 십우도(또는 목우도)와 밀접한 관계를 갖는다고 생각한다. 조교자(祖教者)인 유가행자(瑜伽行者)와 마음의 상징인 코끼리와의 관련을 열 내지 열두 단계로 나눠서 묘사하고 있다. 중국의 십우도처럼 한 장 한 장 떨어진 그림이 아닌 같은 한 장에 수록되어 있다. 흑색의 코끼리가 길을 나아감에 따라서 점차 백색으로 변화하여 간다.

이 그림에 있어서 "一猴牽一象(일후견일상)" 즉 '한 마리 원숭

이가 한 마리 코끼리를 끌고 가는 것' 으로 코끼리는 마음을, 흑색은 혼미(마음의 迷障), 원숭이는 도거(掉擧:마음의 긴장 · 흥분, 또는 번뇌), 토끼는 미세한 혼란(混亂), 또는 불의 념(念)과 지(知)의 정신력을 낳는 대소 관계를 나타낸다고 해석되어 있다.

## 牧象圖

# 後 記

이 목우십도송이 검은 소가 흰 소가 되듯이, 검은 마음이 흰 마음이 되고, 중생이 불보살을 이루며, 악이 선이 되고, 미혹이 깨침을 이루며, 무명(無明)이 지혜를 이루고, 업장이 청정을 이루는 등등, 진취를 이루고 진급을 하자는 것으로 그 중심에는 "나(我)"라는 "존재(存在)"가 자리하고 있어서 내가 어떻게 변화를 이루고 바뀌느냐에 따라 결과는 달라질 수밖에 없다.

그러므로

내가 내 마음소를 찾자.(我尋我心牛):내 마음 소는 나 이외에 찾아줄 사람이 없다. 처음부터 잃지 않음이 상책이지만 만일 잃었을 경우 내 마음 소는 기필코 내가 찾아야 한다. 남의 소가 내 안에 들어와 나의 주인은 될 수가 없으므로 나의 심우(心牛)를 찾아야 한다.

내가 내 마음소를 기르자.(我牧我心牛):내 마음 소는 내가 길러야 한다. 꼴도 주고 물도 먹이며 운동도 시켜서 야위거나 위축되지 않도록 튼튼하게 길러야 먼 훗날 나를 위하여 힘껏 일을 하여 줄 것이기 때문이다.

내가 내 마음소를 길들여야 한다.(我馴我心牛):내가 내 소에 대하여 내가 길을 들여야지 남에게 맡겨서 길을 들일 수는 없다. 그리하여 길들여진 소보다는 길을 들일 내 마음소를 찾아서 내가 길을 들임으로써 나의 말을 잘 듣게 하기 위함이다.

내가 내 마음소를 깨우자.(我醒我心牛):내가 내 소를 깨워야 한다. 남에 의하여 내 마음소가 깨어날 수는 없다. 내면에서 깊이 잠을 자고 있는 마음의 소를 일으켜 세워서 각성(覺醒)이 생기도록 하여야 긴긴 세월을 통하여 다시 잠자지 않고 깨어 살게 될 것이다.

내가 내 마음소를 부려 쓰자.(我牛我心用):내가 내 소를 부려야 한다. 남에게 나의 소를 맡기면 함부로 다루어 열우(劣牛)가 되고 말 것이다. 그러니 남의 조종에 의하여 부려지고 쓰여지는 소가 아니라 자율적으로 자기 일을 실현하는 내 소가 되도록 하여야 한다.

그러므로 내 마음의 소를 찾고, 마음의 소를 기르고, 마음의 소를 길들이고, 마음의 소를 깨우고, 마음의 소를 활용하여 가정과 사회와 국가와 세계와 우주에 이익(利益)을 주는 심우(心牛)가 되고, 보은(報恩)하는 심우가 되며, 낙원(樂園)을 이루는 심우가 되도록 하여야 한다.

牧牛十圖頌 검은 소 길들이기

◉인 쇄| 2006년 6월 12일 ◉발 행| 2006년 6월 19일
◉펴낸곳| 도서출판 동남풍 ◉펴낸이| 김영식
◉570-749 전북 익산시 신룡동 344-2 · (063) 850-3324
◉출판등록| 1991. 5. 23 제66호

◉값 8,000원
*잘못 만들어진 책은 바꾸어 드립니다.